中国航天见证者

启超幼子造导弹

导弹控制专家
梁思礼

石磊　主编

编委　王春河　刘登锐　张宏显　王文祥

北京出版集团
北京少年儿童出版社

图书在版编目（CIP）数据

启超幼子造导弹 ：导弹控制专家梁思礼 / 石磊主编.
北京 ：北京少年儿童出版社，2025. 4.（2025.7 重印）
--（中国航天见证者）. -- ISBN 978-7-5301-6802-8

Ⅰ. K826. 16 - 49

中国国家版本馆 CIP 数据核字第 2024VE6698 号

中国航天见证者

启超幼子造导弹　导弹控制专家梁思礼

QICHAO YOUZI ZAO DAODAN

DAODAN KONGZHI ZHUANJIA LIANG SILI

石磊　主编

*

北京出版集团
北京少年儿童出版社　出版

（北京北三环中路 6 号）

邮政编码：100120

网　址：www . bph . com . cn

北京少年儿童出版社发行

新华书店经销

雅迪云印（天津）科技有限公司印刷

*

787 毫米×1092 毫米　16 开本　8. 5 印张　85 千字

2025 年 4 月第 1 版　2025 年 7 月第 2 次印刷

ISBN 978-7-5301-6802-8

定价：35. 00 元

如有印装质量问题，由本社负责调换

质量监督电话：010 - 58572171

目录

CONTENTS

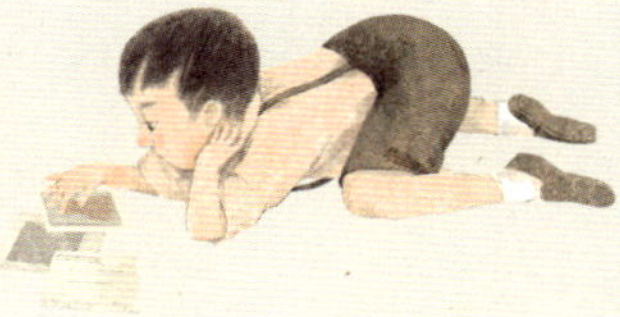

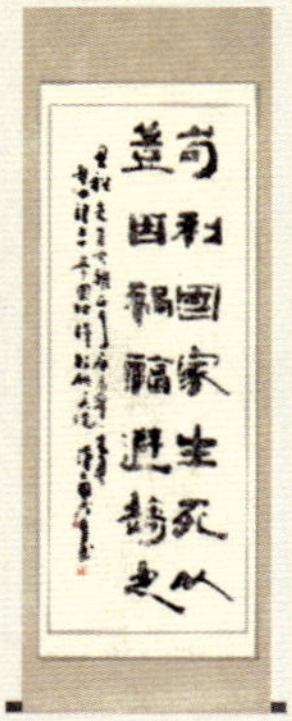

苟利國家生死以
豈因禍福避趨之

中国航天
CZ-2F

只要一进入饮冰室，梁思礼就撅着小屁股趴在书柜下，
一面翻看原有的明信片，一面搜索新的“猎物”。

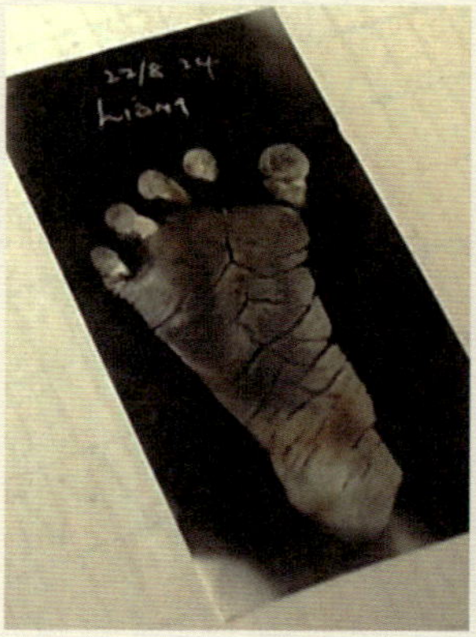

⬆ 梁思礼出生时的小脚丫印

↗ 梁思礼 3 岁时留影

梁思礼是一个聪明好学的孩子。在父亲梁启超的笔下，3 岁“老白鼻”（昵称）的可爱形象跃然纸上：

“老白鼻”一天一天越得人爱，每天总逗我笑几场。他读了十几首唐诗，天天教他的保姆老郭念，刚才他来告诉我，“老郭真笨，我教她念‘少小离家老大回，乡音无改鬓毛衰’，她不会念，念成了‘乡音无改把猫摔’”，惹得大家哄堂大笑。

“老白鼻”念“两人对酌山花开，一杯一杯复一杯。我醉欲眠卿且去，明朝有意抱琴来”时，总要我一个人和他对酌，念到第三句便躺下，念到第四句便去抱一部书当琴弹。诸如此类，每天趣话多着哩。

每日“老白鼻”总来搅局几次，此时是我最好的休息机会……

1 父爱如山

1924 年 8 月 24 日（农历七月二十四），梁启超的夫人王桂荃在北京协和医院生下了一个 8 斤（4 千克）重的胖男孩：梁家老九——梁思礼。

母亲王桂荃

这时的梁启超已经 51 岁了，因为是老来得子，自然特别喜欢这个“老儿子”。风趣的父亲将英语 baby（宝贝）一词汉化成“老白鼻”，给儿子起了个昵称，于是“老白鼻”3 个字便成为梁思礼心中特有的甜蜜。

“老白鼻”长着一张典型的梁家嘴，相貌极像梁启超。他生来聪慧、顽皮可人，又很会讨人喜欢，为梁启超埋首学问之余带来了无尽的喜悦。有一年除夕，梁启超给孩子们发了压岁钱，大家群起欢呼，继而全家玩牌。轮到梁思礼坐庄时，他输了钱，这下压岁钱损失了不少，于是他哇哇大哭。梁启超见此萌态，不禁开怀大笑。

梁思礼2岁多时，父亲在北京任清华国学研究院导师，住在清华园北院教员住宅里。讲学之余，父亲便带他到王府井东安市场的起士林（中国较早的西餐馆）吃西餐。餐厅里西式的装潢、优雅的环境、厨师和服务生的装束，都让梁思礼产生了新奇感。每次吃完西餐，父亲都会特意给他买一盒蛋糕，然后带他坐汽车返回清华园。

从王府井到清华园，穿过车水马龙、熙熙攘攘的闹市，走过尘土飞扬的乡村小路，父亲牵手时的温暖、吃西餐时的温馨、带蛋糕回家时的惬意，特别是父亲和蔼可亲、满面疼爱的神态……每每回忆至此，梁思礼都会动情："当时我的第一个妈妈（李夫人）因病去世了，我的几个哥哥姐姐又都出国学习了，包括他（父亲）喜欢的'大宝贝'梁思顺和'小宝贝'梁思庄。那一段时间，父亲很悲伤，也很空虚。我出生之后，他把对其他子女的爱全部倾注在了我身上。"

1915年，梁启超迁居天津，他把自己的书房命名为"饮冰室"，他决心脱离政坛，专事教育和著述，并以"饮冰室主人"为笔名，写出了多本有影响的专著。平时梁启超为了安静地写作，除了夫人和秘书以外，很少允许孩子们到饮冰室去玩，但梁思礼却是个例外。由于父亲喜欢他，他可以去饮冰室，这让他每次都有一种得到奖励的感觉。

让三四岁的"老白鼻"最感兴趣的是父亲从世界各国买回来的，放在书柜最下面的明信片。这些明信片很精致，上面有画有字，成了"老白鼻"百看不厌的"小人儿书"。只要一进入饮冰室，

父亲梁启超

说到梁启超，几乎没有人会感到陌生。他师从康有为，是戊戌变法的领袖之一，倡导“西学中用”，后又大力支持“五四”运动。他的学术研究涉猎广泛，在哲学、文学、史学、经学、法学、伦理学等领域，均有建树。他是中国近代著名的思想家、政治家、教育家、史学家和文学家。

他的《少年中国说》国人耳熟能详：“少年智则国智，少年富则国富，少年强则国强，少年独立则国独立，少年自由则国自由，少年进步则国进步，少年胜于欧洲则国胜于欧洲，少年雄于地球则国雄于地球……”这篇感情奔放、挥洒自如、酣畅淋漓的文章还被收入了小学教科书。

梁启超的人生与中国的命运紧紧地联系在一起。无论是戊戌变法还是流亡日本，无论是反袁护国还是办学讲学，无论是政治生涯还是学术生涯，他终生以救国强国为己任，并为此做着不懈的努力。

梁启超正是梁思礼的父亲。梁家9个儿女中，梁思礼是最小的孩子。

梁思礼就撅着小屁股趴在书柜下，一面翻看原有的明信片，一面搜索新的“猎物”。父亲对“小人儿书”的讲解，让梁思礼在孩童时代就知道了欧洲的文艺复兴和达·芬奇、米开朗琪罗、拉斐尔等大师。这些长相奇怪、胡须满面的西洋人的故事，虽不如父母讲给他的南宋名臣陆秀夫背负少帝投海、岳母刺字“精忠报国”那么有血有肉，但是父亲在言谈话语中流露出对他们的钦佩和景仰，因此小小的梁思礼懵懂地感知到，这些洋人也是很有知识、很有见地的大人物。能够在这样的环境中玩耍，无疑是对梁思礼最好的启蒙教育。

梁启超曾对梁思礼说：准备 60 岁开始推掉一切社会活动，集中精力亲自教授梁思礼和他的哥哥姐姐们。

幼时，梁思礼（前）和姐姐梁思懿（右）、梁思宁（左）合影

梁家有 9 个儿女，按年龄由大到小分别是：
梁思顺，女，中国诗词研究专家。
梁思成，男，中国著名古建筑学家、院士。
梁思永，男，中国著名考古学家、院士。
梁思忠，男，曾任国民党 19 路军炮兵校官，参加“一·二八”抗战，因病英年早逝。
梁思庄，女，中国著名图书馆学家。
梁思达，男，中国经济学研究专家。
梁思懿，女，中国红十字会对外联络部主任，社会活动家。
梁思宁，女，新四军女战士。
梁思礼，男，中国著名航天技术专家，院士。
（注：梁思礼的大哥、四姐因病早夭，二姐是亲戚家的孩子，未统计在内。）

梁启超追悼会

1929年2月17日，北平（今北京）各界和广东旅京同乡会在广惠寺举行公祭。全场500多人一片呜咽，只有“老白鼻”以为常常把自己放在膝头的父亲是睡着了。梁思礼回忆说：

“我们兄弟姐妹都在灵帷侧面穿着白孝衣叩首拜谢，全场为呜咽之声笼罩，唯独我没哭。我看见父亲躺在佛堂的棺材里，大人骗我说他睡觉了，我想他是睡着了，一直没有哭。

“最后，人们在西山将父亲的棺木送入墓中。突然，当我看到墓门关上的时候，大哭，哭得特别厉害。我想，父亲可能不会再醒来了。想到父亲再也不会叫我给他拿香烟，再也不能教我读唐诗、写信，再也不会带我去吃西餐……我哭着、喊着要跟着追进去。当时的情景，到现在我还记得清清楚楚。因为他太爱我了，我也太爱他了。”

然而，父亲“食言”了。1929年1月19日，梁启超永远地离开了人世。56岁的他没有实现花甲之年后将精力侧重于子女教育的诺言。那一年，“老白鼻”不满5岁。

2 天津岁月

1935年，11岁的梁思礼考入天津市南开中学。该校创办于1904年，是著名爱国教育家严修、张伯苓在家塾的基础上创办的。该校推广新学，师资力量雄厚，声名远播。

校长张伯苓青年时亲历甲午战争，目睹了战败后列强对中国的欺凌和清政府的腐败无能，以及国家民族遭受到的屈辱，深感即使“船坚炮利”也不足以抵御外来侵略，而复兴中华要靠教育。于是他针对中国孱弱之根源——中华民族的5种弊病——“愚”“弱”“贫”“散”“私”，对症下药，育才救国。他为学生制定的校训是“允公允能，日新月异”，就是要“培养爱国、爱群之公德和服务社会之能力”，并随着时代的前进而不断革新，与时俱进。

校长张伯苓十分注重教育学生怎么做人。梁思礼一入学就听过张伯苓讲修身、齐家、治国、平天下的修身课。学校一进门处有一面大镜子，上面写着“修身”两个大字，每天上学，学生们都要照镜子：一方面看看自己的衣冠是否整洁；另一方面对照镜

梁思礼（左一）小学毕业时与班主任和同学合影

梁思礼出生的时候，父亲已经在天津安家，他跟随父亲在那里度过了童年时代。

子上面的字，告诫自己注意人格品行。

校长张伯苓认为“强国必先强种，强种必先强身”（有了好身体才能有坚强的意志，担起建设国家的重任）。由于他对体育高度重视，学校组建了网球、篮球、足球、排球、垒球及田径等运动队。广泛的体育活动使南开学子具备了健康的体魄及健全的人格，为优秀人才的培养准备了必要的条件。梁思礼说：“我那时十一二岁，正是人生观形成的时候，虽然我仅在南开中学接受了两年教育，但这两年对我的一生影响很大。”

梁思礼在南开中学学习的文化课程有国文、英文、算学、社会常识、自然现象等，每周共计20课时。其他方面的课程有体育、图画、金工和木工、自然观察等，每周11 ~ 14课时。考试形式也是灵活多样，分为口试、笔试、报告等。为了调动学生的兴趣，学校还经常举办各类比赛。

此外，学校非常重视团体训练，目的是“培养组织能力，产生团体意识，造就多数领袖”，以解决国人团体生活中不善组织、缺少合作的问题，较典型的活动是童子军训练。那时的童子军训练非常正规，须着专门的制服，携佩刀。有一次训练中，梁思礼皮带上挂佩刀的小钩子划掉了他右腿上的一小块肉，至今疤痕还很清晰，这些训练给他留下了很深刻的印象。梁思礼曾写过一篇关于童子军外出的作文，题为《露营》，刊登在1936年南开中学的校刊《南开初中》上：

> 盼望着，盼望着，露营的日子到了。大家都很喜欢地集齐——除了几个不去的，炎热的太阳在天空中发威，我们很快地在傍着小溪的路上走着。路旁的垂柳被微风吹得左右倾斜……

南开中学的学习生活，为梁思礼健康的体魄、卓越的组织能力、爱国图强思想的培养，奠定了坚实的基础。

1936 年，在南开中学读书的梁思礼（前）和五哥梁思达（左）等在天津饮冰室院门前留影

回忆起在南开中学的生活，梁思礼这样说："在南开中学，我们接受的是德、智、体、美全面发展的教育。虽然我们都很用功，但从来不死啃书本，应付考试。我们不是'书呆子'，而是兴趣广泛、经常从事体育锻炼和各式各样社会活动的全面发展的热血青年。"

然而好景不长，1937 年"七七"事变爆发，卢沟桥烽烟骤起，日本侵略军占领了整个华北地区。天津沦陷了，除了租界外，其他地方全被日军占领。

1937 年的暑假，梁思礼与姐姐、外甥女一行人在北戴河度假后返回天津。坐在火车上时，他们就感到气氛不对劲，平常5个小时左右就可以到天津，可那次因为日本人运输兵力，他们足足在火车上待了12个小时。出了天津站，梁思礼第一眼看到的是日军明晃晃的刺刀，然后是他们蛮横地检查旅客的行李。不久，日本侵略者彻底粉碎了梁思礼美好的初中生活。

由于南开大学在历次抗日爱国学生运动中都是领头羊，日寇认为它是“造成反日情绪与反日活动的中心”，所以对南开大学恨之入骨。1937年7月28日，日军竟不顾国际法，悍然用飞机大炮对南开大学进行野蛮的轰炸。那天，梁思礼站在海河东岸的木材垛上，目睹了日本飞机俯冲投弹、狂轰滥炸，南开的大学部、初中部、女中部、小学部顷刻间变成一片瓦砾废墟。梁思礼眼看心爱的母校被夷为平地，心中痛苦至极。

南开的学校被炸后，留津陷入困境的教师们先后被聘到天津市耀华中学任教，千余名失学的南开中学学生也被耀华中学接纳。耀华中学的普通教学班按教学计划正常授课，南开中学的师生则利用课余和晚上的时间教学，这些班级是非常时期的特殊安排，故称“特班”，梁思礼就是“特班”的学生。之所以能够在耀华中学办“特班”，应归功于该校校长赵天麟。

赵天麟先生早年公费留学美国，获哈佛大学法学博士学位，回国后于1914年至1920年间任北洋大学校长，1934年任耀华中学校长。虽然主持校政只有短短几年，但他苦心经营，提出“勤、朴、忠、诚”的校训，在严格治校、建章立制、严聘师资等方面为学校后续发展打下了良好基础。

赵天麟铜像

几十年后，梁思礼每次回到耀华中学，总要向校长赵天麟的铜像鞠躬，深切缅怀这位爱国烈士。

赵校长为沦陷区的失学学生提供继续受教育的机会，他利用学校在英租界的特殊条件，继续悬挂中国国旗，坚持授英文课，拒开日文课，拒绝使用日伪教材。这一系列爱国之举给他带来了杀身之祸。1938 年 6 月 27 日，他在上班途中被日寇暗杀。赵校长遇刺身亡，这再一次激发了梁思礼对日寇的仇恨。

当时，梁思礼家住在海河东边的意租界，而耀华中学在海河西边的英租界，他每天去耀华中学上学都要经过日军占领区，那里经常传来撕心裂肺的惨叫声——日军在残酷殴打被抓捕的反日爱国志士，每当梁思礼听到时都感到毛骨悚然。

梁思礼在天津过了 4 年担惊受怕的亡国奴生活，在日军的刺刀底下挣扎，直到 1941 年。自那时起，他就抱定救国图强的信念，迫切希望祖国强大起来。为了达到这个目标，梁思礼努力学习，成绩优异。

3 远赴重洋师夷技

上海的黄浦江码头一如既往地熙熙攘攘，虽已是暮秋时节，微风中依旧带着几缕夏天的暑气，掠过面颊时潮潮的，还夹杂着贩鱼船上飘来的阵阵腥臭。透过码头上林立的桅杆，可以看见远处灰蒙蒙的海面上，有巨型货轮，还有缓缓游弋的日本炮舰。

一艘停靠在岸边的美国邮轮上来了几位年轻的中国人，梁思礼也在其中，他们马上就要远渡重洋，留学美国。

1941年，品学兼优的梁思礼高中毕业了，母亲王桂荃亦喜亦忧，看着小儿子茁壮成长，她心里很高兴，暗暗为梁启超有这样优秀的“老白鼻”而欣喜，但是家庭糟糕的经济状况，又让她不得不为梁思礼继续求学的问题而烦恼。

梁启超去世后，梁家家境渐衰，一大家子完全依靠梁思礼的母亲王桂荃辛苦支撑。为了维持全家的生活，王桂荃不得已于1930年将家中的旧楼卖给一位姓郝的天津富商，从此旧楼与新楼

1935 年，梁思礼（前）与六姐梁思宁在天津饮冰室前合影

1936 年秋，梁思礼（右二）与五哥梁思达、五姐梁思懿、六姐梁思宁在饮冰室前合影

之间砌起了高墙。抗日战争爆发后，富有经济头脑的王桂荃又将新楼分别出租给经营绸布店、钱庄和粮店的 3 家客户，仅留楼下东南角梁启超的一间书房，里面精心地保存着梁启超的文稿和书籍。王桂荃小心翼翼、精打细算地经营着梁启超留下的为数不多的稿费和股票，日子一天天过得还算温饱有余。

梁启超在世时，曾先后把 4 个子女送到国外学习，他们个个学有所成。王桂荃看在眼里，记在心上，她多么希望这个有理想、有抱负的小儿子也有机会到国外求学。当时梁思礼已经考上了燕京大学，但是王桂荃还是想让他去国外读书，然而到哪里去为儿子筹集负笈海外的资金呢？

王桂荃的人缘很好，她的困难和心思被她的一个好朋友丁懋英大夫所觉察，丁大夫是看着梁思礼长大的，非常喜欢这个孩子。她跟美国一些教会学校的关系比较好，1941 年梁思礼高中即将毕业时，她给美国一所规模比较小的大学——明尼苏达州的嘉尔顿学院写了推荐信，帮助梁思礼申请到全额奖学金。这项奖学金将负担梁思礼的学费和食宿费用，除此之外，梁思礼还可以获得保健费 10 美元、学生特殊优待费 30 美元、损失保险费 10 美元、医疗费 10 美元，以及科学实验课程特别早餐费。

王桂荃还变卖了一些家中的值钱物件，尽最大努力东挪西凑了 400 美元，这是她给儿子备下的留学路费。

当时梁思礼的五姐梁思懿正在上海的红十字会工作，她曾参加过“一二·九”学生运动，是燕京大学学生游行队伍的领袖。1941 年 10 月，她准备与美籍华侨张炜逊在上海结婚，婚后一同去美国。梁思礼和五姐的年龄差距相对小一点儿，有很多共同语言，五姐的抗日救亡思想也深深地影响着梁思礼。

跟着五姐一起去美国，这是一个好办法。于是王桂荃带着梁思礼从天津坐船去上海参加梁思懿的婚礼，然后让梁思礼和姐姐、姐夫一起乘船去美国。11 月，梁思礼和姐姐梁思懿、姐夫张炜逊在上海办好护照、签证后，一同搭乘“克利夫兰总统号”邮轮离开上海，前往美国。

邮轮渐渐离开了码头。母亲消瘦的身体、飘动的发丝、挥动的手臂，如同影片中的特写，长久地定格在梁思礼的脑海中。在

1941 年 11 月，梁思礼（左一）和五姐梁思懿（左四）在去往美国的邮轮上

临行前，王桂荃仔细地把买完船票余下的 100 多美元包好，揣进梁思礼的口袋。远离故土后，这就是儿子的全部家当了。她告诉梁思礼："我能做的也就是这些了，今后一切就要靠你自己了。记住，祖国还在蒙难，学成后一定要回来报效国家。"

母亲千叮咛万嘱咐地把梁思礼和梁思懿送上了邮轮。

此之前，大姐在北平，二哥、三哥、三姐等远在四川，五哥梁思达去了大后方，六姐梁思宁参加了新四军，家里只剩下母亲孑然一身。想到这里，梁思礼的眼眶里充满了泪水。

4 负笈海外，寒窗 8 年

“师夷长技以制夷”，梁思礼抱着工业救国的梦想，在异国他乡开始了求学之旅。

到了美国，五姐梁思懿和姐夫去了洛杉矶，梁思礼则孤身辗转到了明尼苏达州的嘉尔顿学院。可是，刚刚安顿下来仅半个月，1941 年 12 月 7 日，珍珠港事件爆发，美国太平洋舰队被日本海空军给“一锅烩”了。珍珠港事件把美国人惹火了，于是美国向日本宣战，开辟了第二次世界大战的新战场。

战争中断了梁思礼与国内的一切联系，不仅不能和母亲通信，母亲想寄钱给他也不可能了。这时他手中仅剩母亲给的 100 多美元。没有了后援，从此 17 岁的梁思礼就过起了在海外独自拼搏的穷学生的留学生活，而且一过就是 8 年。

嘉尔顿学院坐落在明尼苏达州北部的一个仅有两条街的小镇上。这里的学习对梁思礼来说比较轻松，因为他在国内高中已经学过美国大学一年级的大部分课程，所以他的各门功课都取得了优异成绩。

在美国留学时的梁思礼

梁思礼（前排右二）所在的嘉尔顿学院游泳队

由于课业比较轻松，他得以腾出不少时间用来挣生活费和参加体育运动。为了改善生活，课余时间梁思礼到学校食堂洗盘子、当服务员。到了周末，他就用体育运动来打发时间。

有两个运动场地，梁思礼常去，其中一个是游泳池。游泳不仅不花钱还锻炼了身体，梁思礼的游泳水平提高了，一米板跳水等技能也学会了，而且他还通过考试拿到了救生员执照。另一个便是体育馆。由于梁思礼个子小，练篮球不占优势，于是他就选择练摔跤，后来成为摔跤队队员。摔跤按体重分不同级别，他属于“羽毛级”，也就是最轻量级，与同级别的美国人摔跤，他毫不含糊，一点儿也不逊色。

有一个周末，他和另一名中国同学想到大城市明尼阿波利斯去逛一逛。为了省钱，穷学生也有穷办法。他们早上搭便车去，准备下午再搭便车回来。谁知回来时搭车并不顺利，还剩 10 多千米却怎么也搭不上车了，俩人被撂在了回校的半路上。时值寒冬，晚上风雪交加，气温已降到零下 30 摄氏度，他俩都没穿多少衣服，梁思礼只穿了五姐夫送给他的一件薄皮大衣。俩人冻得实在受不了，就在马路上来回蹦跳、跺脚。突然，他们发现路边有一个黑着灯的小屋，就不管三七二十一钻了进去，原来这是个废弃的储物间。他俩紧紧依偎在一起，哆嗦了整整一个晚上，好不容易盼到了天亮。第二天是周一，好多住在城里的同学早上开车回学校，这样他们早上 6 点多终于摆脱困境，搭上了回校的便车。

1941 年，大学的第一个寒假来临，梁思礼没地方去，他的外甥女周念慈在芝加哥大学就读，于是他就去投奔外甥女了。周念慈和她的丈夫也是穷学生，梁思礼和他们一起住在一个半地下的房子里。

到了 1942 年暑假，梁思礼还是没地方去，他本想去五姐梁思懿家（位于洛杉矶），但是距离太远，出不起路费。这时，同屋的一个美国同学叫罗伯特·肖，他家住在纽约州的布法罗（旅美华人常称之为“水牛城”），他约梁思礼跟他一起回家去过暑假，梁思礼同意了。

他俩在公路旁竖起大拇指拦车，很多没有钱的人都选择这种方法去旅行。刚开始，车子都飞驰而过，车主根本不理他们。那时正是日本偷袭珍珠港之后，美国人恨日本人，他们还以为梁思礼是日本人呢。于是，梁思礼在他的小皮箱上写上“中国学生”，很快就顺利地搭上了车，免费“跑”了1000多千米，几天后终于到了水牛城。

肖的家境也不富裕，他的父母是农民，后来因为打仗，美国大量地生产飞机，他父亲就到飞机工厂去做工。他们夫妇的另一个孩子在罐头厂打工，工厂离家不远，肖也到罐头厂去做工，梁思礼就跟着他一起去了，还可以赚点儿钱。那时梁思礼还不满18岁，他在罐头厂做了一个多月的童工。罐头厂是做豌豆罐头的，工人们每天在流水线上干活，饿了或闲着就抓一把豌豆吃。工作了一个暑假，梁思礼没少“偷吃”豌豆，结果把胃给吃伤了，直到晚年，他还是一见豌豆就头痛。

大学的第二个暑假，梁思礼来到纽约州的旅游胜地银湖湾，不过梁思礼可不是来度假的，他在那儿打工当游泳救生员，可以免费吃住。

除了体育，梁思礼还有一个爱好就是听古典音乐。嘉尔顿学院有一个条件很好的唱片图书馆。放假时，别人都回家了，他就把电唱机声音放得大大的，再把门打开，躺在门前的草地上听音乐。小时候，他和哥哥姐姐们一起听过不少交响乐，此时他的见识更多了，很多古典音乐，包括协奏曲、歌剧、芭蕾配乐等，他都尽收耳底。

在嘉尔顿学院学习2年后，梁思礼想从这所综合性的大学转到工科大学去。因为他觉得中国总受别国欺负，一直想走“工业救国”之路，如果自己将来学一门工业技术，学成回国后就能为

1945 年，梁思礼于普渡大学

普渡大学是位于美国中西部印第安纳州西拉法叶市的州立大学，初期，其最著名的是工学院，以维基概念、全电子电视、机器人的控制与远程控制等多项创新技术享誉世界。该大学的毕业生中出了很多知名科学家，特别是培养了包括第一位登上月球的阿姆斯特朗在内的 22 位航天员，因此它享有“美国航空航天之母”的美誉。中国“两弹一星”元勋邓稼先也是此校的毕业生。

祖国的建设出力了。

1943 年，梁思礼放弃了嘉尔顿学院的奖学金，转入以“工程师摇篮”著称的普渡大学，改学电机工程。

在普渡大学，梁思礼每月有 75 美元的补贴，学费和食宿费等都得从这 75 美元中开销，生活依然非常拮据。他住不起正规的学生宿舍，只好租住在穷学生住的“学生合作社”，自己买菜做饭、打扫卫生、洗衣服，只有一个老太太帮助管管房子。梁思礼住在斜屋顶的阁楼上，到了四年级才有资格住正式房间，而且是几个人合住一室，这样的好处是花钱不多。

到普渡大学后，梁思礼需要补修若干工科基础课，因此学习

梁思礼（右一）在普渡大学与宿舍舍友合影

1947 年，梁思礼于辛辛那提大学

很紧张，连暑假都要补课。从 1943 年至 1945 年（加上两个暑假），梁思礼用 2 年时间学完了 3 年的课程。1945 年 6 月 24 日，梁思礼获得普渡大学电机工程学士学位。

毕业后，美国一家很有名的无线电公司（简称 RCA 公司）同意招收梁思礼去公司工作，但是在 RCA 公司工作，随时可能被征兵去服役。梁思礼不愿给美国人当兵，所以决定继续上学。

1946 年，他来到了辛辛那提大学自动控制系。辛辛那提大学位于俄亥俄州，是美国中西部的公立大学，也是著名的研究型大学。在这里，学生可以勤工俭学，做各种各样与学习内容有关的工作，这样边工作边读书，可以一直免费读硕士、博士。梁思礼帮助别人做很多实验室的工作，到后来读博士时，才有不到 200 美元的月薪。

5 “老白鼻”回家了

由于梁思礼中学时期就接受了进步思想的教育，在美国求学期间，他也时刻关注着国内迅速发展的形势。

受五姐梁思懿和老同学陆孝颐的影响，梁思礼积极参加“北美中国基督教学生联合会”（英文缩写“CSCA”）和“留美中国科学工作者协会”（简称“留美科协”）的活动。1949 年，在改选新一届 CSCA 中西部分会的领导时，梁思礼被选为执行委员。CSCA 以“响应解放、准备回国”为宗旨，经常组织进步学生参加活动，宣传讲解国内解放战争情况，鼓励中国留学生回国参加建设。梁思礼以身作则，带头回国。

1949 年 9 月 23 日，美国旧金山码头一如既往地繁忙，“克利夫兰总统号”邮轮拉响汽笛，离岸起航，船上有 500 多名旅客。这本是一次普通的航行，但是船上 30 多名中国留学生却格外引人注目，曾经他们怀抱着科技救国的理想留洋求学，今天他们乘坐这艘船义无反顾地回到一穷二白的祖国。刚刚从美国辛辛那提大学获得自动控制专业博士学位的梁思礼也在其中。

1948 年，梁思礼（右一）在 CSCA 夏令营与老同学陆孝颐等人合影

1949 年，梁思礼（左一）与 CSCA 成员一起参加小组会

1949 年，梁思礼（后排左一）与 CSCA 中西部分会执行局成员聚会合影

1949年9月，梁思礼（下）在旧金山登上“克利夫兰总统号”邮轮回国

当友人问起梁思礼离美返华的感受时，梁思礼坦诚道：“我离开的时候，只有期望，没有留恋。”

事实证明，他们那时的回国抉择是十分明智的。当时美国政府的对华政策还处于犹豫不决的阶段，中美之间的交通尚未中断，最初回国的数百名海外学子，并没有受到任何阻挠，他们很幸运地成为最早参与新中国建设的归国人才。

邮轮开到洛杉矶靠岸时，梁思礼的五姐梁思懿一家四口也上了船，一起登船的还有另一批中国留学生。一时间，船上说中国话的人多了起来，船舱里煞是热闹。梁思礼在三等舱中安置好随身行李后，就跑到船尾，他在桅杆上架起一条天线，接通了一台短波收音机。这台收音机很灵敏，一路上，他每天都靠它收听国内的消息。

1949年9月30日（北京时间1949年10月1日），在“克利夫兰总统号”邮轮横渡太平洋时，梁思礼突然从收音机里听到了一条爆炸性新闻——中华人民共和国中央人民政府今天成立了！

8年了，离开祖国已经8年了！当梁思礼听到这条新闻时忍不住热泪盈眶，他朝思暮想的祖国获得了新生，那个饱受欺凌、备遭奴役的旧时代将一去不复返，曾经积贫积弱、任人宰割的河山将旧貌换新颜。他兴奋得像小孩子一样举着收音机在船舱里手舞足蹈，一会儿用英语，一会儿用中文大声传播着这条新闻。船舱里很快人声鼎沸，同胞们欣喜若狂，大声欢呼。几个进步学生商量着，准备在船上开个庆祝晚会，表达对伟大祖国的衷心祝福。

梁思礼接着又向大家公布了一条新闻：中华人民共和国的国旗是五星红旗！同船的医学专家严仁英、王光超等人出主意说："咱们在晚会上就亮出一面五星红旗，给大家一个惊喜。"

说干就干，严仁英找来红药水，将一块白色床单染成红色，然后大家分头去找黄颜色的纸，很快东西就备齐了。这时大家犯愁了，梁思礼从广播中只听到五星红旗上有5颗黄颜色的五角星，其中1颗大，其余4颗小，但5颗五角星具体怎么摆放，他也不知道。大家七嘴八舌，最后决定将最大的一颗黄色五角星摆放在红布的中央，再在红布四角各摆放一颗小五角星。回国之后，当他们亲眼见到真正的五星红旗后，禁不住哑然失笑。

当天晚上，邮轮的餐厅里灯火辉煌，五星红旗高挂在会场中央，欢声笑语一浪高过一浪。很多人准备了节目，有人高唱《义勇军进行曲》，有人亮出了自办的壁报，五姐梁思懿的两个孩子扭着秧歌，唱起"解放区的天是晴朗的天"……

太平洋上的一轮明月悄然升起，微风亲切地抚摸着海的胸膛，海波承载着银白的月光，船首显现出一条"碎银"铺就的光带，笔直地通往月亮升起的地方。“克利夫兰总统号”就沿着这条波光粼粼的“光明大路”，迎着月亮，向着东方前进。

1 音频科普 海上邮轮是怎样收听到收音机广播的?

1949 年 10 月上旬，“克利夫兰总统号”抵达香港。回国的人大致分为两部分，一部分去台湾或留在香港，另一部分则在留美科协的帮助下，由香港新华社分期、分批安排返回。梁思礼也在留美科协的介绍下与香港大学的曹日昌教授取得联系。曹教授是共产党的联络人，他早已和中国科协的马大猷商量好，为梁思礼安排回国后的工作事宜。

金秋十月，是收获的季节，饱受苦难的祖国张开双臂，欢迎海外游子的归来，收获着人才和希望。

此时，梁思礼和五姐梁思懿一家从香港乘船回到了天津。站在船舷边，梁思礼一眼便看到了正在岸边翘首张望的老母亲王桂荃。一别 8 年，母亲的一头青丝已成苍苍白发，往日丰润的脸庞上布满沟壑，为 9 个子女费心操劳的身躯显得更加消瘦。梁思礼的眼眶顿时湿润，脸颊上淌下了泪水。

“娘，我回来了！”梁思礼快步跑下舷梯，“老白鼻”和老母亲紧紧地拥抱在一起。

此刻，梁思礼在心中暗暗发誓：我再也不走了，我要把一生奉献给祖国，为改变她贫穷落后的面貌而努力，为她的独立、强盛、繁荣而奋斗。

金秋十月，是收获的季节，饱受苦难的祖国张开双臂，
欢迎海外游子的归来，收获着人才和希望。

6 祖国需要的地方，就是我的战场

梁思礼在美国学的是自动控制专业，当时自动控制在美国也是一个新兴领域，国内还没有开始这方面的研究，更没有这方面的人才需求，所以梁思礼回国后一时还不能按他的专业来分配工作。可他在普渡大学电机系就读时曾学过无线电，这使他有幸结识了邮电部广播事业局局长李强。1950 年 1 月，梁思礼来到邮电部报到，接待他的正是局长李强。

李强是 1925 年入党的老党员，也是无线电专家，他听说梁思礼在美国学过无线电，就把梁思礼分配到邮电部广播事业局下属的电信技术研究所，让他进入了天线组，组长是李强的学生吴展。

中华人民共和国成立初期，广播事业局需要建立国际广播电台，以便把新中国的建设成就通过广播传递给世界，让世界了解中国。同时也要接收国外的一些广播信息，了解当前的国际形势和对华舆论。

回国后，梁思礼（前排左二）和朋友们合影

1952 年，梁思礼（左一）与小学伙伴合影

要建电台，首先要做的是建发射台、架设天线。年轻的梁思礼虽然没有专门学过与此相关的知识，但是刚刚回国的他，有着非常单纯的想法：要一心一意地为祖国服务，祖国需要我去哪儿，我就去哪儿！祖国需要的地方，就是我的战场！他满腔热情，一股子牛劲儿，只要是为建设新中国效力，让他干什么，他都愉快地干，不会就学，什么困难也难不倒他。

天线组里只有梁思礼和吴展两个人负责国际广播电台的建设，吴展是组长，还有很多其他事情要管，因而梁思礼就成了开展建设电台工作的“大总管”，从设计、采购，到施工、验收等大部分工作都需要他来张罗。

为了给天线台选址，梁思礼与吴展一起坐着小吉普，绕着

链接 **天线**

天线是在无线电设备中用来发射或接收电磁波的部件，是一种变换器。它把传输线上传播的导行波，变换成在自由空间中传播的电磁波，或者进行相反的变换。凡是利用电磁波来传递信息的，都需依靠天线来进行工作，例如无线电通信、广播、电视、雷达、导航等工程系统。一般情况下，同一副天线既可用作发射天线，也可用作接收天线。

整个北京城到处考察。那时的北京，二环以外都是农田，梁思礼他们晴天一身土，雨天一脚泥，每天四处奔波。最后，他们把发射天线台选定在北京东部的双桥，把接收天线台选定在北京南郊黄村。

梁思礼在耄耋之年还清晰地记得很多当年的细节，他回忆说：

“发射天线台的电线杆大约有 30 米高，需要很粗的木头，而且要把 3 根木头绑起来用。吴展和我先跑到木材厂去选木头，又到处去选粗螺钉、脚钉、钢索、瓷绝缘体等配件，这些都是要自己准备的。电线杆做好后，我们还要自己动手拉线。同时，我们还要做天线设计。虽然我以前学过，可并没有真正动手实践。后来，我查了很多资料，又学了很多东西，才与吴展一起完成了天线设计。

“买好搭建天线的材料后，我们又雇了一些工人，指点他们具体操作。两部天线安装完毕后，我还爬到30米的最高处去检查安装的质量。那时我年轻（26岁），什么也不怕，在没有保险带等安全保护设备的情况下，我就沿着天线架子一截一截地爬上去，一点儿也没考虑有什么危险。当时就是不要命地干，浑身有使不完的劲儿。”

经过梁思礼他们的艰苦努力，国际广播电台终于建成，全世界都可以听到新中国的声音了。测试结果显示，收听效果非常好，欧洲和苏联都听到了中国国际广播电台播出的新闻，外交部也能收听到国外电台的广播，了解国际形势。

1955年，越南民主共和国胡志明主席恳请中国援助建设“越南之声”广播电台。“越南之声”是1945年越南宣布独立后建设的国家广播电台，由于设备陈旧，无法将广播信息有效覆盖南越。1955年5月，邮电部广播事业局受命组成了一支由技术人员和工人组成的6人队伍，梁思礼是专家组成员之一，负责发射天线、接收天线的建设。由于有了在国内建设国际广播电台的经验，在越南工作进展得很顺利。

越方派人专门跟着专家组学习设计和制造天线的技术。中越两国1950年建交，越南是最早承认新中国的国家之一，所以中方对越南的援助几乎是有求必应、毫无保留，该教的技术从不对越南同志保密，梁思礼多次向他们讲解天线知识，手把手地教他们制造和安装技术。

专家组仅用两三个月的时间就完成了任务，电台发射天线采

梁思礼（左三）与援越专家组合影

用的是德国研制的德律风根天线阵，接收天线采用的是鱼骨式天线。电台建好后，“越南之声”顺利开播，越方很满意。胡志明主席亲自接见了专家组成员，他还亲自给梁思礼等专家颁发了勋章和奖状。

7 结缘航天

1956年3月，国务院邀请全国600多位科学家开始编制《1956—1967年科学技术发展远景规划纲要》（简称《十二年规划》）。梁思礼赶上了这个好时机。通信兵部电信技术研究所派出了多位具有雷达、通信、无线电、自动控制等专业特长的专家学者参加《十二年规划》的制定工作，梁思礼以自动控制专家的身份参与其中。一个心怀报国大志的年轻人、一个坚信“少年强则中国强”的血性男儿，能为祖国的发展大计出谋划策，那是多么光荣的事啊！早逝的父亲如果泉下有知，定然会对他的“老白鼻”竖起大拇指。

梁思礼等人刚安顿下来，就接到了上级领导的指示：“这个远景规划的出发点，是要按照需要和可能，把世界科学的最先进成就尽可能迅速地介绍到我国来，把我国科学事业方面最短缺而又最急需的门类，尽可能迅速地补足起来，根据世界科学已有的成就来安排和规划我们的科学研究工作，争取在第三个‘五年计划’末期，使我国最急需的科学部门能够接近世界先进水平。”

《十二年规划》的编写经历了近半年的时间。编写初期，专

梁思礼（前排右二）和参与《十二年规划》编制的专家合影

家们可以打开思路，结合自己的专业畅所欲言，然后各写各的想法和建议，由各小组汇总、归纳，再由上一级小组提炼。梁思礼既懂无线电，又精通自动控制技术，他便构想了一些关于武器控制方面的内容。当时，梁思礼并不知道自己的上一级小组里有钱学森、任新民等大腕专家，但是他们却由此知道了梁思礼。

到 1956 年 8 月，《十二年规划》终告完成。这是新中国成立以来的第一个科技规划，它从 13 个方面提出了 57 项重大科学技术任务，梁思礼参加了其中的第 37 项——《喷气和火箭技术的建立》的制定。这项规划由钱学森主持，王弼、沈元、任新民等专家具体负责，梁思礼以他渊博的知识、丰富的阅历，多次发表真知灼见。他对国外喷气与火箭技术的发展概况做了简要介绍，并结合中国目前的情况，思考和分析了需要攻克的关键技术，以及这几项技

链接

喷气和火箭技术

《十二年规划》中提出：喷气式飞机和火箭代表当时飞行器技术的最高成就。喷气式飞机的速度可以达到超声速，飞行高度可达2万米，是很好的高速交通工具。火箭的速度更快，可以飞向更远的高空，用作星际交通工具。由于火箭是利用复杂的自动控制系统来控制飞行的，因此在国防上火箭可以满足超远距离瞄准的需求，同时也是近代空防的利器。这些技术的掌握和发展对于增强我国国防实力有很重要的意义。

术需成立哪些研究机构、需要多少人等。

在《十二年规划》的制定过程中，曾发生过激烈的争论，比如应该优先发展飞机，还是优先发展导弹？

当时，对于飞机在军事和民用上的作用，人们或多或少都有切身的体会，而对火箭与导弹却并不了解，所以“机派”和“弹派”争执不下，互不服气。梁思礼的认识是比较清楚的，他说：“航空发动机的研制比较困难，需要较强的工业基础，因此飞机在短期内是很难研制成功的；而研制导弹却能很快看到效果。”

梁思礼的观点得到了钱学森的认同。

钱学森给大家分析道：“从技术上看，研制导弹并不比飞机更难，研制进度会快得多，况且导弹的使用是一次性的，飞机却要反复使用。发展导弹技术唯一要解决的难题是制导问题，但这在短期内可以突破。如果我们从导弹入手，几年之内国家的防空问题可以解决，不挨打和还击敌人的问题也可以解决，我们赢得了与对手战略抗衡的时间，也有利于航空工业积累经验，稳步发展。因此，从战略博弈的角度分析，发展导弹是战略取胜的捷径。”

钱学森的分析提纲挈领、有理有据，很快“平息”了这场争论。梁思礼也从中深受教益，更加敬佩钱学森的远见卓识。

按照《十二年规划》制定的进度和目标，国家决定自 1956 年成立导弹技术研究院，1963 年至 1967 年要独立进行设计和制造国防上需要的、达到当时先进性能指标的导弹。在 12 年内使我国喷气和火箭技术走上独立发展的道路，并接近世界先进技术水平，以满足国防的需要。

随着《十二年规划》的实施，梁思礼的命运发生了重大转折。由此，他将结缘航天，开始长达近 60 年的导弹与航天研制之旅。

1957 年冬，梁思礼夫妇（左一和左二）与朋友合影

8 从零起步

1956 年 10 月 8 日，中国的第一个导弹研究机构——国防部五院，在一个借用的野战医院的小食堂里成立。没有鲜花，没有鞭炮，没有锣鼓，会场里安静肃穆。

食堂里临时摆了一张旧三屉桌和几张靠背椅，算是主席台。台下左右两边摆着一排排巴掌宽的长条木凳，中间留有 1 米左右宽的过道。参加会议的有 200 人左右，左边坐的是各机关部门的领导和工作人员，右边坐的是各专业领域的专家、技术人员和全国各大专院校刚毕业分配来的大学生。大家在静静地等待着，党中央一项具有战略意义、决定新中国命运的重要决定即将宣布。

一位负责国防科技工业的上级领导在钱学森等人的陪同下走进会场，他站在三屉桌旁郑重宣布：经中央批准，中国的第一个导弹研究机构——国防部五院今天成立。

国防部五院是干什么的呢？——要干一件惊天动地的大事，要为新中国研制“撒手锏”！国防部五院的院长是谁呢？就是回国刚好一周年的大科学家钱学森。

进入国防部五院工作的梁思礼

这位领导接着讲道："在座的各位，从今天起，你们就是中国导弹事业的开国元勋啦！眼下人手虽少，但只要大家团结一心，艰苦奋斗，中国的导弹事业一定会有美好的前景。我们对导弹的研究制造，应采取自力更生为主，力争外援和利用资本主义国家已有的科学成果为辅的方针。"

他的话音刚落，全场就响起了经久不息的掌声，许多人热泪盈眶。

这一天，梁思礼就坐在这个简陋的食堂里，他亲眼见证了中国航天从零起步的伟大时刻。

国防部五院成立伊始，需要大量人才，国家动员各个大学、研究院等单位向国防部五院输送相关专业人才。由于梁思礼是自动控制专业的博士，他所学的专业和国防部五院的科研工作有相当密切的关系，所以1956年9月，梁思礼与冯世璋等8位科技人员奉命从通信兵部电信技术研究所调到国防部五院工作，成为第一代中国航天人。

国防部五院属于军队编制，所有人员调入后即加入中国人民解放军。32岁的梁思礼身穿军装，英姿勃勃，开始实现他工业强国的人生理想。

为了尽快开展导弹研制工作，在钱学森的安排下，国防部五院成立一个月后，就设置了10个研究室。鉴于当时国内外的严峻形势，保密工作极为严格，这10个研究室不是从一室开始排序，而是从六室开始。

六室为导弹总设计师室，主任任新民；

七室为空气动力研究室，副主任庄逢甘；

八室为结构强度研究室，主任屠守锷；

九室为发动机研究室，主任梁守槃；

十室为推进剂研究室，主任李乃暨；

十一室为控制系统研究室，副主任梁思礼；

十二室为控制元件研究室，副主任朱敬仁；

十三室为无线电研究室，副主任冯世璋；

十四室为计算技术研究室，副主任朱正；

十五室为技术物理研究室，副主任吴德雨。

梁思礼有着自动控制的专业功底，担任了十一室的副主任，当时他手下有 7 位研究人员。

待生活安顿好、组织落实好后，大家个个情绪高涨，纷纷准备撸起袖子大干一场。可是走进研究室后，大家突然傻眼了——啥是导弹啊？怎么干啊？

虽然进入国防部五院的人全是精挑细选的精英，可是他们谁也没有导弹方面的知识。来之前大家只知道“炮弹”，可从没听说过“导弹”，绝大多数人连导弹长什么样都没见过，既不了解它的构造，也不知它的功能，更不知该如何制造这个家伙。

钱学森充分估计到了这一点，很快就在全院范围内开展了一场“导弹扫盲”战，他亲自编写扫盲教材《导弹概论》，亲自登台讲课，还亲自拟定空气动力学、发动机、弹体结构、自动控制、电子线路、计算机等有关专业的学习计划，把各方面的专家发动起来，请他们一齐上阵参加“扫盲”。在医院简陋的食堂里，梁思礼和很多人一起坐在长条凳上听过钱学森的课；还有些小课是在医院的小会议室里上的，墙上还挂着一块小黑板，钱院长和其他专家的课程持续了 3 个月。其间，梁思礼作为研究院唯一的自动控制专业博士，也给新来的大学生们讲授了自动控制课。

1956 年底，苏联援助的两枚 P–1 教学弹运到了北京，这是苏联于 1945 年缴获的德国在第二次世界大战（简称“二战”）中使

二战时期，德国研制的 V-2 火箭

用的导弹，当时早已退役。大家第一次见到导弹实物，那个稀罕劲儿就别提了。梁思礼将它从外看到里，从头摸到脚，原来这个庞然大物长得和大炮弹差不多嘛。当时没有图纸，大家就根据钱院长课上讲授的知识来认识导弹。一开始梁思礼觉得洲际导弹特别神秘，听了钱院长的课后他茅塞顿开：原来它是大导弹顶着中导弹，再顶着小导弹，一级一级地飞，直到击中目标。

在破旧的医院和疗养院里，中国航天人开始了艰苦卓绝的“创业”。一场没有硝烟但却惊天动地的攻坚战，打响了！

9 他在朋友圈里消失了

刚来到国防部五院，梁思礼等人首先受到了干部处处长的接待。一见面，处长就开宗明义地提出保密要求，强调在这里工作有三不准——不准向无关人员，包括家属和亲友，透露自己的工作性质；不准暴露机关单位的地址；不准随便与外国人接触。此外，对外联系时只能用信箱代号。干部处处长说，现在你们搞的是尖端武器，为适应对敌斗争的需要和情报与反情报斗争的需要，你们必须隐姓埋名，像过去做地下工作一样。虽然严格保密会带来不少麻烦，但是从国家利益考虑，你们必须得习惯。

梁思礼生活在一个大家庭里，他的父亲是社会名流，交际面十分广泛；他上面还有好几个哥哥、姐姐，每个人几乎都是社会活动家，都有很大的朋友圈，梁思礼要做到缄口不语，其困难是一般人难以想象的。

梁思礼回国后，最初分配在邮电部工作，他时常住在北京南小街，那里是大姐梁思顺的家。与他一同从美国回来的好友陈辉等人在外交部工作，那里离南小街很近，所以回国之初，梁思礼和陈辉等其他一起留美的朋友经常会面。进入国防部五院工作后，他必须遵守纪律，全身心地投入祖国航天事业。为了保密，他断绝了对外的所有联系，他的母亲、哥哥们、姐姐们以及其他亲戚朋友，都不知道他在哪里、在干什么。陈辉说："梁思礼回国后，好像突然从地球上消失了。"当20世纪80年代改革开放以后，梁思礼又出现在过去的老朋友面前时，大家惊讶不已，而此时的陈辉已是中国日报社的常务副总编了。

那段时间在朋友圈里消失的梁思礼，活跃在另一条看不见的战线上。

1957年11月，国防部五院以10个研究室中的前5个室为基础，组成一分院，负责各类导弹总体设计和弹体、发动机的研制任务，驻地在北京云岗附近（后迁至南苑）；后5个室和中国人民解放军通信兵部军事电子科学院（其前身为通信兵部电信技术研究所）的6个研究室及1个试制工厂合并，组成二分院，负责各类导弹控制系统的研制任务，驻地在北京永定路附近。

11月16日一分院、二分院同期成立。1958年4月，二分院成立了第一设计部，下设3个研究室，梁思礼担任地地导弹控制系统研究室副主任，主任是从英国留学归来的专家黄纬禄，他们主要承担导弹控制系统的研制任务。

导弹控制系统的研制是从仿制苏联P-2近程地地导弹起步的。

P-2导弹是二战时期德国研制的V-2火箭的改进型。二战期间希特勒在德国佩内明德建立了以布劳恩为首的导弹研制基地，

苏联援助的 P–2 导弹

P–2 导弹主要用于摧毁配有强大对空防御力量的重要军事和工业目标。导弹全长 17.7 米，最大直径 1.652 米，最大射程 590 千米。导弹的控制系统很复杂，由 4 个部分组成，即制导系统、姿态控制系统、弹上电源配电系统和地面测试及发射控制系统。

他们所研制的 V–1、V–2 火箭曾给英伦三岛造成了巨大的威胁和损失。在二战期间，美国还没有能力从事这方面的研究。直到二战结束，美国抢走了大批德国导弹专家和生产 V–2 火箭的设备，才开始了导弹研制工作，可见研制导弹的艰巨性和复杂性。

前来援助的苏联专家对我国当时的航空企业及电子企业进行考察，打算从中选择导弹仿制工厂。梁思礼加入陪同团，随苏联

1958 年，梁思礼（右）在陕西兴平与苏联专家合影

梁思礼（左四）等人与苏联专家合影

专家到西安、宝鸡、成都等地考察，走了多半个中国，研究在哪儿生产导弹的各个部件，在哪儿总装导弹。随后，苏联专家送来了仿制导弹所需要的部分图纸资料，黄纬禄和梁思礼一面组织人手抓紧翻译，一面组织技术骨干给团队讲课。黄纬禄讲无线电测距，梁思礼讲惯性制导……整个设计部掀起了学习的热潮。大家一张图纸一张图纸地研究，一个数据一个数据地分析，极力想搞清楚图纸背后的原理和数据之间的关系。

工厂选定后，仿制导弹的图纸便陆续分发到工厂。帮助仿制生产的 26 名苏联专家先后抵达二分院，其中来到梁思礼所在的第一设计部的就有 19 名。然而，苏联专家的援助仅仅局限在生产环节，他们可以热情地告诉中国人如何生产导弹，却并不打算告知如何设计导弹。在国防高科技领域，从来没有人会把核心技术拱手相让。梁思礼非常清楚，摆在自己面前的主要任务是怎样在苏联专家有限的帮助下，通过仿制学到自行设计的本领。

1958 年 7 月，国防部五院派技术人员组成下厂工作组，深入各导弹仿制工厂，配合工人进行生产，并负责处理生产中遇到的各种问题、监制产品和培训人员，同时也可以提高设计人员对导弹的认知水平。

下厂工作组分为两个，分别前往中国东北区和西北区的工厂，梁思礼出任西北区下厂工作组组长。从此，他隐姓埋名，在八百里秦川的军工厂工作了很长时间。

10 攻坚克难

导弹仿制工作远不像梁思礼所认为的"照猫画虎"那么简单，苏方提供的资料都是生产图纸和工艺图纸，至于图纸为什么要这么画，并没有给出解释。当时国防部五院要求每个主管设计师都要跟着一位苏联专家学习，重点研究如何设计导弹，但实际效果并不理想。因为派来援助的苏联专家大都是研究工艺的，对导弹设计了解不多。与梁思礼对接的苏联专家为人很好，但从他那里却学不到多少设计经验。而负责控制系统的专家组组长对中方人员更是警惕，他严格地约束他的组员，不许他们随便透露有关导弹设计的任何信息。

导弹的控制系统是仿制工作的难点，也是国防部五院院长钱学森最放心不下的一环，控制系统研究室主任黄纬禄和副主任梁思礼所带领的团队，将面临一场"恶战"。

导弹的仿制工作全面铺开后，梁思礼担任了自动控制系统弹上电气设备总设计师。此时，一向性格开朗、有说有笑的梁思礼，

任中校时的梁思礼

经常深锁双眉、心事重重。

和梁思礼搭档的黄纬禄，比梁思礼大 8 岁，是英国伦敦大学帝国学院电机系的毕业生。他俩带领着一些刚毕业、对导弹基础知识知之甚少的年轻人，小心翼翼地打开控制系统部分电路的资料，对照 P-2 导弹实物仔细地查看。

工作时，他们把研究室里的几张桌子拼在一起，并在紧挨着桌子的地方放了一块黑板，大家就围坐在黑板前讨论。有问题时，无须站起来就能直接在黑板上写写、画画。大家对 P-2 导弹的生产图纸进行了翻译、分析、复核复算，并对照实际电路进行验证。

链接 什么是导弹控制系统?

导弹控制系统是引导导弹克服各种干扰，按一定规律自动飞向目标的整套设备，包括制导系统和姿态控制系统两部分。

制导系统可以测量导弹相对目标的位置和速度，按预定规律加以计算处理，形成制导指令，通过姿态控制系统控制导弹，使它沿着适当的弹道飞行。

姿态控制系统又称自动驾驶仪，能保证导弹稳定地飞行。它能接受制导系统送来的制导指令，控制导弹的姿态，改变导弹的飞行弹道，直至命中目标。

在此过程中，如果谁对某个问题比较熟悉，便临时充当起老师；如果遇到大家都不懂的难题，黄纬禄和梁思礼便和同志们分头查找资料，第二天再围坐在一起，共同讨论。

导弹在飞行中有一个变参数系统，梁思礼他们没有电子计算机进行这样复杂的计算，只能靠手摇计算机用常参数的方法来解决变参数问题。对于没有图纸仅有实物的仪器、设备，他们只好根据实物进行测绘，自己画出结构图、布线图和原理图。

功夫不负有心人，慢慢地，控制系统在梁思礼的眼里不再深不可测。黄纬禄也很有信心地说：“虽然我没有真正接触过导弹，也不了解它的内部结构，但导弹控制系统所使用的电路，和我以

大家互帮互学，能者为师

那是一段激情燃烧的难忘岁月，尽管已经过去了半个多世纪，但是在梁思礼的脑海中，它仍然是鲜活的，他曾深情地回忆：

那时我们学习的劲头是很足的，办公室里经常整夜灯火通明，但当时大家的意见并不很一致。因为那时国内各部门都聘有苏联专家和顾问，我们自己又没有经验，于是在学习苏联先进经验时有一种教条主义的倾向，不论苏联专家的意见正确与否，都强调一成不变地去贯彻执行。但是教条主义在实践中走不通，比如苏联图纸规定包装箱要用西伯利亚的白桦木，铸造用的沙子要取自苏联的某一河流……如果都照办的话，那只有到苏联工厂去生产，显然这是不现实的。

后来，我们在思想上达成了一致——一方面老老实实向苏联专家学习，一方面踏踏实实走自己的路。

往在工作里接触过的电路还是有相通之处的！”

在仿制中，梁思礼和所有科技人员一起拼命学习，从不知道导弹控制是怎么一回事，到逐步了解导弹飞行主动段是如何控制的，校正系统是怎样工作的。就是这样一点一滴，日积月累，他们搞清楚了 P-2 导弹控制系统的工作原理和设计参数，为导弹的自行设计做好了技术储备。

几个月后，黄纬禄和梁思礼带领控制系统组画出了 P-2 导弹控制系统的设计图纸。梁思礼兴奋地在笔记本上这样记录：“从 1959 年 6 月开始，组织了决战指挥小组。经过几个月奋战，突破了关键技术 37 项，完成了 2 套地面控制系统，攻克了 137 套弹上控制设备的 15 项关键技术。”

在仿制中，梁思礼和所有科技人员一起拼命学习，
为导弹的自行设计做好了技术储备。

11 为国拓荒筑“东风”

正当梁思礼他们热火朝天地向苏联专家学习仿制技术的时候，“寒流”来了。1960年夏，中苏关系恶化，苏联当局单方面撕毁了援助协议，撤走了全部来华专家，扔下了一大堆“半拉子”工程，导弹仿制计划濒临夭折。

中国人终于明白，尖端技术永远学不来，只有逼上梁山，自己干！中国航天人放弃了扶着苏联老大哥肩膀登天的想法，走上了一条艰难的自力更生道路。

后续的仿制工作是极其艰苦的，比如制造导弹所用的许多原材料、元器件，国内根本没有厂家生产。为了支援航天，全国各行各业大会战、大协作，开展重要原材料、元器件、关键设备的联合攻关，当时全国各地直接或间接参与其中的单位达1400多家，逐渐建立起中国自己的原材料和元器件协作网，使我国的工业基础大大提升。对此，梁思礼曾感慨：“苏联人逼我们，反倒把我们的能耐逼出来了，有很多原来我们不会做、做不了的东西，通过仿制 P–2 导弹（即“1059”导弹）全学会了，这等于带动了整个国家基础工业的发展，他们也是‘功不可没’啊。”

到 1960 年上半年，“1059”导弹所需的绝大部分材料都按技术要求试制成功。梁思礼带领着工作组继续下厂，不仅去了整机厂，还深入元器件生产工厂，解决各种元器件的生产技术问题。苏联专家撤走后，深陷困境的仿制工作很快就变得井然有序起来。

1960 年 10 月，仿制的“1059”导弹终于总装完毕，临近发射试验前，导弹该加注什么推进剂呢？苏联专家撤走前曾明确表示，中国生产的液氧杂质太多，待中方向苏方订货后，苏联的液氧又迟迟不见发货。

“1059”导弹的总设计师梁守槃不甘心，他在办公室里反复计算，通宵达旦。一天清早，梁守槃激动地告诉大家：“我保证，中国的液氧没问题！是苏联专家计算错了，他们把杂质的气态容积当作了液态容积……中国的液氧完全可用，如果出现严重后果，我个人愿接受一切处分。”

钱学森经过复核，果断支持使用国产液氧做推进剂。

1960 年 11 月 5 日，在苏联专家撤走的第 83 天，凝聚着中国人民自力更生精神和不屈不挠意志的“1059”导弹，在酒泉导弹发射试验基地腾空而起。7 分 32 秒后，弹头准确命中 550 千米外的目标，这是中国人的争气弹！

1964 年 2 月，中国人民革命军事博物馆展出了一枚“1059”导弹，从此它有了一个正式的名字：“东风一号”导弹。

在“东风一号”导弹发射成功后的一次党委扩大会上，钱学森下达了新的任务：苏联专家撤走后，我们要自力更生，自行设计出具有实战价值的导弹！

“东风二号”导弹

钱学森说的这种导弹便是“东风二号”导弹。它以苏联援助的导弹为基础，总体设计不做大的改动，只增大火箭发动机的推力，并对弹体结构、控制系统做相应的改进设计，使其射程从500多千米增加到1000千米左右。

梁思礼担任了“东风二号”导弹控制系统的主任设计师，他和同事们在部分整机和线路上做了相当大的改进，如横偏校正系统增大了发射机的功率，水平陀螺仪的凸轮重新设计，变换放大器选择了磁放大器的方案，舵机进行了改进设计等。据统计，控制系统中与仿制导弹不同的设备共有65项，其中完全重新设计的有19项，改进设计的有46项。

第一枚“东风二号”导弹的研制进展很快，仅用不到两年的时间便完成了总装测试，于1962年3月出厂。运送导弹的专列从北京出发到酒泉导弹发射试验基地，要翻过海拔4000米左右的乌鞘岭。梁思礼和总装厂的同志一起负责押运导弹。从感情上讲，所有研制人员都对自己花了很多心血亲自研制的这枚导弹非常珍爱，大家把导弹看作自己第一个要出嫁的女儿，生怕发生什么问题。因此，火车每走一段路就停下来，让车上的人小心翼翼地对导弹进行检查，结果火车一直走了 5 天 5 夜才到达发射场。

那时梁思礼的第三个孩子即将出生，他和妻子约定，如果是男孩就起名梁凯，是女孩则叫梁旋，他期待着“凯旋”。

导弹到了发射阵地以后，虽然大家表面上信心很足，但心里却不太踏实。梁思礼生怕会出现意外，天天和技术人员一起苦思冥想技术细节。

没想到意外还真的出现了：当高高的导弹立在发射车上时，在猛烈的寒风中，导弹下面的燃气舵开始不断地抖动。梁思礼和试验队队员怎么也找不到原因，心急如焚的他急得满嘴起疱。梁思礼他们一边在现场测试，一边

链接 导弹的燃气舵在哪儿?

燃气舵位于导弹尾部的发动机之后，通过改变发动机的燃气气流来产生改变导弹飞行姿态的侧向控制力。

燃气舵具有结构简单、响应速度快和不受飞行高度影响等优点，在早期液体导弹中被广泛采用。但燃气舵也有很多缺点，比如燃气残渣易堵塞气路；燃气舵翼面小，导致其所产生的控制力矩小，必须不停地调整，以使控制力达到最佳，而这样会加剧燃气舵的烧蚀；燃气舵所受的阻力还会使发动机的轴向推力产生较大的损失。因此，现在各国弹道导弹发展出了通过发动机喷管摆动来控制导弹姿态的技术，并且已经得到了成熟运用。

请北京的导弹控制系统研究所做各项模拟仿真试验。

经过了所里的实物故障仿真试验与试验结果的比对，技术人员发现燃气舵抖动问题一时无法解决，但可能不会影响发射。所以经过技术阵地测试、发射阵地合练检查和发射前测试、加注、瞄准后，“东风二号”导弹的首次飞行试验终于确定在1962年3月21日9时进行。

梁思礼和陈德仁都是控制系统的负责人，两人都想看看导弹起飞后弹道转弯的情况。于是，当其他同志都撤到导弹后方几千米远的敖包山山顶时，他俩坐上吉普车，跑到了距离导弹侧面1～2千米的地方观察。大家期待的目光都聚集在导弹身上，谁也没有想到，导弹刚刚起飞几秒钟，就像喝醉了似的摇摇晃晃，头部还冒着白烟，明显地偏离射面。弹体出现摆动，而且幅度越来越大，随后导弹喷着大火，伴随一声巨响，坠毁在距发射台不远处，地面被炸出一个深4米、直径22米的弹坑。

很多人趴在地上，把头埋在沙子里，好久好久没有抬起头来。总装厂的工人师傅失声痛哭。梁思礼蹲在大坑边抱着脑袋，两眼盯着坑底，心痛得一句话也说不出来。

不久，梁思礼的二女儿出生了，尽管他任务失利没能凯旋，但是梁思礼夫妇还是给女儿取名“梁旋”。

试射失败，给控制系统的设计人员造成了很大的压力，梁思礼怀着负疚的心情，立即加入基地事故现场的故障分析小组，认真查找自己的问题。回京后又与所内技术人员历时4个月，从控制系统元器件、部件到各分系统，从各分系统到整个控制系统，

“东风二号”导弹首次发射

巨大的爆炸声震惊了所有在场的人，第一枚由我国自行设计、生产的“东风二号”导弹发射失败了。

不知经历了多少回合的故障分析。其间，钱学森每星期来所里一次，听取大家的意见，并一同参加讨论。梁思礼清楚地记得钱学森给控制系统的设计师们打气：“导弹飞行稳定问题，国外早已解决，外国人能办到的事，我们也一定能办到，控制系统一定能杀出一条血路来。”

于是，在陈德仁、黄纬禄、梁思礼、沈家楠等专家带领下，控制系统设计师们进行了一场艰苦的战斗，开始了夜以继日的故障分析工作。

梁思礼和同事们从导弹的改进部分入手，对“东风二号”导弹控制系统的每一个环节都问一个“为什么”。通过大量分析、计算和故障模拟试验，终于查清了控制系统失稳的原因——由弹体弹性振动引起。

3 音频科普 火箭是不是级数越多越好？

对于第一枚自行设计的导弹，大家缺乏经验，没有系统工程的概念，不会从全局出发考虑总体和分系统之间、各个分系统之间的关系，把复杂的问题看得过于简单。其一，没想到“东风二号”导弹的弹体比“1059”导弹的弹体加长了3米，飞行起来会出现“扁担效应”，即像挑扁担一样，出现上下弹性振动，这一振动会引发一系列问题。其二，为了方便部队测试操作，设计师把仪器舱从非常狭窄的弹体中段移到了尾段。从表面上看，这一改动无关紧要，可是没想到原位置上的仪器舱受到的振动很小，而移动后的仪器舱受到的振动异常增大。

这两个“没想到”，导致控制系统失稳，破坏了弹体结构，加剧了导弹解体。

经过2年多的拼搏，梁思礼以及总体部、各分系统的工程技术人员反复研究控制对象和控制装置的特点，归纳出美国12种主要导弹的制导方式及特点，推导了导弹的运动方式及其稳定性控制方程，提出了优化控制装置和安装位置等多种技术方案及具体的措施，共完成了4类17项试验，对每一种方案和措施都进行了充分的验证。

踏踏实实的脚步，踏出了通向成功的道路。

1964年6月29日，茫茫戈壁，艳阳高照。改进后的“东风二号”导弹，腾空而起，直射目标！

1966 年 10 月，在“东风二号”基础上增加射程的“东风二号甲”导弹装上了核弹头，成功进行了“两弹结合”试验，梁思礼亲历了这一伟大时刻。

导弹发射成功的那一刻，大家激动得互相拥抱，热泪盈眶。戈壁滩上，竖起了一面鲜艳的五星红旗，身着厚厚冬装的聂荣臻、钱学森、谢光选、梁思礼等站成一排，大家发自内心地笑起来，摄影师定格了这些共和国功臣们的笑容。

“两弹结合”试验成功

12 割掉“尾巴”

1964 年 9 月，中央军委下达了组建第一个战略导弹阵地的命令。时任中国人民解放军副总参谋长的张爱萍带人亲赴东北，勘选导弹部队的阵地，对拟选阵地的山形、坡度和石质等进行详尽的考察。

这年冬天，一支神秘的小队出现在东北的林海雪原里。队员们拄着木棍，踏着没膝的大雪，钻山沟、穿密林，风餐露宿，一条山沟一条山沟地踏勘，一个阵地一个阵地地选点。一行人每日行车和步行百余里。梁思礼正是这支神秘队伍中的一员。

尽管设计人员对“东风二号”导弹做了很多技术改进，但它并没有完全脱离苏联设计的框架，控制系统采用的还是原有的无线电横偏校正系统。部队在使用中发现这个系统有一个局限性：发射阵地必须严格符合苏联的规定，否则会影响命中精度。苏军的阵地大多建在开阔地带，他们很容易按照规定操作。而我国为了作战需要，阵地要建在山区隐蔽的地方，这样导弹的无线电横偏校正系统使用起来就格外麻烦。比如，导弹发射时，搜索雷达必须搬到朝向攻击目标的方向，如果攻击目标位置变化，搜索雷达就得随之搬来搬去，像一条总要不停甩动的大尾巴，这很难达到实战的要求。梁思礼一行在勘察阵地时，证实了这一问题。

由于作战使用不便，导弹部队要求研制单位去掉无线电横偏校正系统，即割掉“尾巴”。在多次飞行试验成功、导弹接近定型的时候，要求做这样大的方案变动，无疑是非常困难的。但这是实战的需要，梁思礼和他的研制团队必须千方百计去满足。

好在当时有较成熟的技术储备。早在 1961 年 9 月，国防部五院二分院就组织了控制系统技术发展途径的方案大讨论，在全惯性制导方面提出了许多新思想和方案，其中“双补偿”和“横向坐标转换”两套装置被列入了预先的研究计划，并作为“东风二号”导弹的备份方案开展了配套的预研工作。到提出割掉“尾巴”时，该方案已经通过了各种地面试验，达到可以成熟应用的程度。

在决定导弹选用哪种制导方案时，设计师提出了 3 种方案。第一种是“坐公共汽车”方案，即把双补偿和横向坐标转换两套装置作为“乘客”装在导弹上，在飞行试验时，测得这两套装置的有关信息，以判断工作质量。这种方案比较稳妥，但试验周期长。第二种是“半搬”方案，即每次飞行只要更换双补偿和横向坐标转换装置中的一套，这种方案工作量小，周期短，但有一定的风险。第三种是“全搬”方案，即用双补偿和横向坐标转换装置把导弹原来的制导系统全部换下来，这种方案的风险最大，但一旦试验成功，就能立即把新系统正式应用到导弹上去，大大缩短试验周期。

梁思礼等技术负责人充分相信新系统在理论上的正确性和实现的可能性，坚决主张实施“全搬”方案。为此，第一设计部内展开了一场激烈的争论。通过反复讨论比较，1965 年 7 月 5 日，上级正式批准采用“全搬”方案。由梁思礼带队，仅用一年时间就完成了导弹的修改设计及飞行试验，并取得连发连胜的好成绩。

1967 年 12 月，经过改进的“东风二号甲”导弹定型，随之进行了小批量生产，使用情况一直良好。

但是在 1967 年至 1968 年期间，3 枚批次性抽检弹却接连发射失败，而且故障很奇怪。一枚导弹在正常飞行一段后，突然向前翻滚，像体操运动员那样在空中连翻了 7 个跟头，落在发射台前 160 多米处；另一枚情况更为严重，导弹在刚起飞不久就向前翻滚，落在发射台前面不远的地方。这时成批导弹已生产出来，由于出现故障无法交付部队，研制单位压力非常大。

梁思礼此时正在研制洲际导弹，鉴于他对“东风二号”导弹比较熟悉，便被调回来处理这个问题。由于没有遥测数据，很难分析，梁思礼建议将两枚战斗弹改装成遥测弹，再进行发射、分析。发射遥测弹时，再次出现了同样的“翻跟头”故障，并取得了遥测参数和外弹道参数。

梁思礼和同事们对所监测的数据进行综合分析，费了很大劲儿才找到“元凶”，原来是导弹控制系统的水平陀螺仪电刷碰上了挡钉，致使基准坐标混乱，最终导致导弹“翻跟头”。而细究产生这一问题的原因，并不是技术难度大，而是管理方面的问题。

“东风二号甲”改进型导弹

由于当时工人在装配时没有按规定的工艺来操作，在拧固定螺钉时少拧了 1.5 圈。就差这 1.5 圈，就酿成了大祸！

后来，按照工艺要求，工人把电刷的固定螺钉拧好，同时设计人员又增加了一个监测报警电路，保证电刷碰到挡钉前能及早被发现。梁思礼的出色分析和果断处理，使导弹“翻跟头”的问题得到了彻底解决。

1969 年，“东风二号甲”改进型导弹正式装备部队，成为第一代为我国站岗放哨的战略核导弹。

13 前瞻性的大胆决定

要想成为战场的主人，重要的不是你拥有多少把利剑，而是在于你的利剑拥有多强的大脑。导弹控制系统，就充当着“大脑”的角色。

“东风五号”洲际导弹的设计方案开始于1965年，可以说它是生逢乱世。在此之前的导弹安装的是用分离元件组成的计算装置，又大又重，计算精度也很差。“东风五号”洲际导弹对目标的打击精度要求更高，因而首先要改变的就是控制系统的制导方案。这是技术跨度非常大的举措，每一项新技术都充满了挑战，都是设计师们需要面对的拦路虎。

为了制订既满足精度要求，又具有发展潜力的制导方案，运载火箭研究院专门组织了“东风五号”洲际导弹制导系统的方案讨论会，控制系统研究所在梁思礼等人的主持下，重点对平台－计算机制导技术进行了深入细致的研究。

平台－计算机制导技术的关键是要有运算速度快的小型弹载

“东风五号”洲际导弹

计算机，也就是集成电路计算机，由它完成制导程序的实时计算，发出各级关机信号、程序俯仰信号、遥测数字信息以及修正弹道用的导引信号。它的成败，关系着“东风五号”洲际导弹是否有聪明的“大脑”，决定着我国的战略武器能否具备战斗力。

1965 年，国外的集成电路刚刚研发出来，仅有美国“民兵 –2”导弹使用了集成电路计算机，元器件还经常出问题。而我国的计算机正处于从电子管向晶体管转变的时期，其整体技术还比较落后，此时梁思礼他们的提议无疑是具有前瞻性的大胆决定。梁思礼用“在白纸上画画”来形容这项任务的艰难，他说：“再难，也要咬着牙走下去，必须把技术掌握在自己手里，因为这是国家的需要。”

梁思礼在办公室

任务落在了梁思礼领导的控制所和航天771所的身上。先由控制所下达任务书，提出技术指标，再由航天771所具体研制。

20世纪60年代，对于大多数中国人来说，计算机还很陌生，不知道的大有人在。控制所的技术人员对计算机同样不太熟悉，除了能在体积、质量、可靠性与适应恶劣环境等方面提出要求外，也提不出设计计算机所需的性能指标要求。因此，只有通过仿真计算来求出弹载计算机的字长、容量与速度等基本指标了。

由于受当时的工作条件限制，大量数据只能靠手工穿孔纸带输入，运算一次就要花很长时间。为了赶进度，办公室里白天人人伏案，夜晚灯火通明，谁也不愿离开工作岗位。梁思礼经常到办公室了解指标计算、逻辑设计等情况。计算机专家沈绪榜等人就依据逻辑设计做线路设计、版图制作、芯片制备、器件组装、整机装调、运行考核、三防处理、例行试验等，这一系列工作就像一条流水线，不停地运转着。1966 年 9 月，一台由我国独立生产的 22 位双极小规模集成电路弹载计算机终告完成。

正当大家如释重负、喜极而泣的时候，一个坏消息传来：计算机体积过大，装不进弹舱，而且由于所用的组件太多，可靠性也不高。

梁思礼明白，解决的办法唯有提高芯片的集成度，芯片用得少，体积自然就小了，计算机上的组件少了，可靠性也就相对提高了。可在当时，这是个大难题，没有一年半载是解决不了的。

梁思礼和大家一起商量，能不能从设计上来想办法，即在满足精度的要求下，调整计算机的字长，这样计算机的体积不就小了吗？他向同事们介绍了自己的思路："经过重新推导制导方程和关机方程，我觉得从整个制导系统来看，方法误差增大对结果的影响并不大，因此我们的弹载计算机可采用增量计算方案，只有加减法，没有乘除法，虽然算法粗了一些，但是可少用近 1/3 的集成电路，这样就可以减少计算的复杂性，减轻计算机的负担，从而解决了计算机小型化的难题。"大家听后都认为此办法巧妙、省事、实用，并决定立即实施这个方案。

很难相信，"东风五号"洲际导弹上使用的第一台弹载计算机，竟然是只有 12 条指令，没有乘法和除法指令的算术型增量计算机，其运算速度只有近 2 万次每秒，存储量小到只有 768 个字，制导计算完全是通过增量的累加得到全量的。

1971年9月10日，这种弹载计算机参加了我国“东风五号”洲际导弹的首飞试验，一举获得成功。

有了弹载计算机，富有前瞻性思维的梁思礼又有了新的想法——给它增加一项新任务，让它给导弹当“体检师”。

导弹发射前，必须经过严格的“体检”，要全面地检查导弹身体的各个部位性能、参数是否达标。梁思礼负责的地面测试发射控制系统就是导弹的“体检师”。

20世纪60年代初，我国近程导弹使用的“体检”系统基本靠手动操作，用电表和人工读数进行参数测量，用人工扳开关和继电器电路实现状态控制。那时，完成全部地面综合发射测试，约需8小时。到研制中程导弹时，采用了半自动化测试，发射准备时间为3小时。到研制中远程导弹时，虽然采用了自动化程控电路测试，但由于测试项目和测试状态多，发射准备时间约为6小时。

随着计算机技术的飞速发展，计算机智能化的优点越来越显现。梁思礼敏锐地感觉到，应当让这个聪明的家伙加盟导弹“体检师”的队伍。在钱学森的支持下，梁思礼和同事们在这方面做了大量的工作。1971年，某型号导弹在飞行试验时更换了“体检师”，由原来地面测试设备进行测试（简称“地测方案”），改为用弹载计算机来进行测试（简称“弹测方案”），并取得成功。

由于计算机比程控电路具有更强的功能，弹测方案丰富了测试内容，缩短了测试时间，提高了测试效率。以往不具备测试条件的参数，现在都可以进行测试，由于实现了集中显示、测试和控制，地面电缆网减少了一半，既节省了费用，又便于操作。

1983 年 8 月，梁思礼（后排右三）与参加中国宇航学会制导与控制技术交流会的专家合影留念

在数字传输电路中，还首次采用了镀膜屏蔽电缆，代替过去的同轴电缆，随时可以把测试数据和状态信息送向发射监控指挥中心。

弹测方案与地测方案相比，前者在测试体制、方法、功能、速度、抗干扰性能和故障诊断等方面，均有较大的提高。测试方法的改进，对于提高导弹作战反应能力具有极大的现实意义。

14 走出“小作坊”

在酒泉卫星发射中心的卫星试验队食堂里，炊事员从傍晚一直站到天黑，还是不见卫星试验队的人来吃饭。食堂就挨着卫星试验队的宿舍，平时每天一到饭点，宿舍那边就传来了说话声，热闹着呢，今天这是怎么了？

原来一颗返回式卫星发射在即，可是在测试时突然“卡壳”了，卫星试验队带来的测试设备的机箱风扇发生了故障，卫星测试只好暂停。大家急得像热锅上的蚂蚁，一拨人在想办法排查故障，另一拨人在连线北京，和上级领导商量对策。然而时不我待，按照发射进度，卫星必须在一定时间内完成测试。即使从北京再调一台设备，那也是远水解不了近渴。如果耽误了星上控制系统测试，就会错过最佳发射窗口，导致卫星入轨后无法正常工作。想到后面可能带来的麻烦，卫星试验队里人人焦虑，哪里还有心思去吃饭呢？

突然一个声音响起，有一位队员说：“哎，咱们不是已经有‘卡马克’了嘛，火箭试验队带了一套备用设备，咱们干吗不去他们那里借一台机箱用呢？”这句话一下子点醒了大家，他们赶快派人去火箭试验队借来了一台测试机箱，插入卫星控制系统的测试模块后，卫星测试工作继续进行了。

食堂里终于有了欢笑声。炊事员一边忙着招呼大家吃饭，一边琢磨“卡马克”是个什么东西，因为他满耳听到的都是对这个玩意儿的大加赞赏。卫星试验队的人说：“没有它，即便借来了别人的设备也没用。”

卫星试验队能用上“卡马克”，最大的功臣莫过于梁思礼。

无论是导弹，还是火箭、卫星，发射前的“体检”工作和发射后的数据分析工作一个也不能少。20世纪70年代以前，我国导弹自动化测试的程度很低，大部分的测试工作都依靠人工操作和利用机械式或电子控制的巡回检测装置来完成。由于人工操作容易失误，所以测试结果难以重复，出现差错时也难以查找。最为严重的是，各个技术团队都各自研制了一套测试系

链接 什么是“卡马克”？

“卡马克”即CAMAC的音译，CAMAC是英文Computer Automated Measurement And Control的首字母缩写，意为“计算机自动测量和控制国际通用标准接口系统”。

CAMAC系统的特点是：接口标准化，功能模块化，结构积木化。它对外部设备和计算机的依赖性小，如要改变主机机型，仅改动U形机箱控制器或分支驱动器即可，在计算机硬件日新月异的时代，它可以随时方便地升级换代。

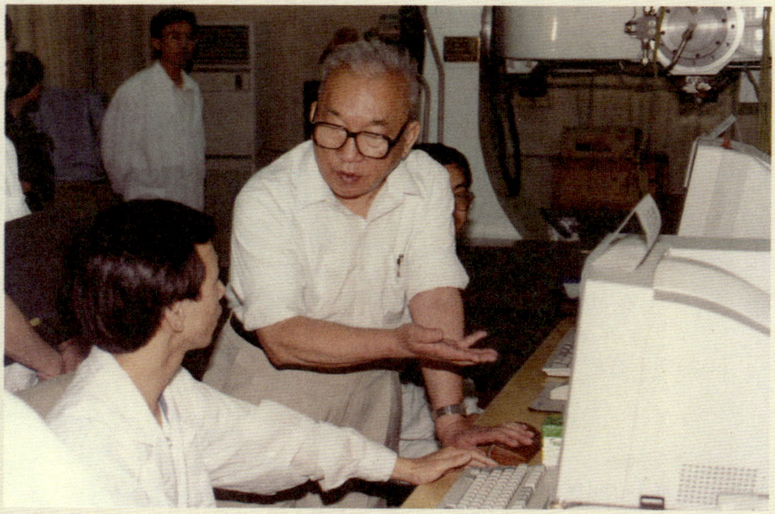

梁思礼在试验室指导工作

统，大家每次都从头做起，互不通气，测试设备也都是专用的，不仅不同型号的导弹之间不能通用，有时同一个型号的不同批次之间也不能通用。随着导弹型号越来越多，测试的难度增大，每上马一种新型号的导弹，就要研制相应的专用测试设备，最后的结果是测试设备呈现出“百花齐放”的乱象。

梁思礼看在眼里，急在心头，他对此进行了认真的调查，发现当时航天系统有 20 多家单位三四千名技术人员在干同一类事，大家闭门造车，技术上往往是低水平重复；新型号的导弹研制出来了，老型号的测试系统就搁置起来，设备重复研制生产耗资巨大，据 20 世纪 70 年代末期统计，经费就已达几千万元。长期如此，既耽误研制进度，又浪费了大量的人力、物力和财力，还给部队的使用带来了很大的麻烦。

梁思礼在导弹控制领域摸爬滚打多年，凭着他那活跃的思维和扎实的专业技术理论功底，以及丰富的实践经验，他的技术思想向更广、更深、更前沿的领域延伸。梁思礼认为，这是直接关系部队战斗力的大事，必须痛下决心，使导弹测试彻底走出“小作坊”的生产模式。

1980 年 5 月，“东风五号”洲际导弹试验成功后，国防科委主任张爱萍针对上述问题提出了一个要求——要搞标准化、系统化、规格化的通用自动化测试系统。

不久，论证小组通过对几种国际标准的比较，选择了国际上美、苏、日、德、法、英等 20 多个科技先进国家都采用的 CAMAC 系统，并形成了方案论证报告，包括结构标准、信息传递标准、模拟信号标准和软件标准等多种国际标准。梁思礼被任命为 CAMAC 系统的总设计师。

当时国内的导弹、火箭测试设备还很落后，设计师们也习惯了传统的测试手段，对于使用 CAMAC 系统这一新生事物，单位的行政领导和设计师都会承担一定的风险，因此梁思礼在推广该系统时遇到了一些阻力。

为此，1985 年梁思礼撰写了《在航天部内全面推广贯彻 CAMAC 系统标准》一文，并在多家研究院所做报告，苦口婆心地介绍 CAMAC 系统的作用，不厌其烦地宣传推广 CAMAC 系统将给航天发展带来的好处。此外，他还编写教材、组织培训。在他的带领下，研制团队深入一线，相继开始了总体设计、系统设计、模件研制、软件研制、系统实验等各阶段的研制工作，CAMAC 系统标准规范等文件的制订也同时展开。经过几年的努力，他们完成了上百种硬件模块和几十种应用软件的研制。

梁思礼还下基层解疑释惑，最终得到了研究院领导的大力支持，率先将CAMAC系统用于“东风五号”洲际导弹的综合测试设备，以及“长二丙”运载火箭地面测试系统、两种返回式卫星姿态控制系统的测试设备中，并且取得了很好的效果。

几个试点的实践证明，采用CAMAC系统标准规范是测试设备通向模块化、通用化、系统化、标准化和自动化的重要途径。有了CAMAC系统标准规范，设计师特别是系统设计师就可以根据各自的实际需要，使用CAMAC硬件和软件产品，快速、灵活、方便地组建各种规模的通用CAMAC系统。这些采用了CAMAC系统标准规范的硬件、软件和测试系统，与以往研制的专用测试设备相比，具有较好的质量、较高的可靠性和自诊断能力，并使研制经费大大降低。据估算，大系统的测试设备每套可节约80万～100万元，小系统的测试设备每套可节约40万～60万元。不同型号的测试设备的继承性可达60%～70%，使测试设备的套数明显减少，研制周期缩短50%。另外，由于采用了CAMAC系统标准规范，使用部门可以缩短培训时间，方便维护、修理和使用，便于军品与民品结合，还有利于国际技术交流和向国外出口航天产品。

故事开头的一幕，就是试点中真实发生的。由于使用了CAMAC系统的通用机箱，卫星试验队使用了火箭试验队带去的备用机箱，很快就解决了问题，保证了卫星发射前测试任务的顺

1988 年 10 月，梁思礼（右四）参加某型号 CAMAC 测试发控系统鉴定会

1993 年 1 月，梁思礼在“长征三号”运载火箭地面测试系统鉴定会上讲话

利进行。这样的例子还有很多，这在以前是根本不可能做到的。

此后，航天产品的地面测试系统不再允许各型号自搞一套，把经费和精力投入到水平更高的专用模件和功能模件的研制上。适应中国国情的 CAMAC 系统的成功研制和推广，使我国导弹、运载火箭、卫星的地面测试设备从“百花齐放”变为“一枝独秀”，逐渐走出“小作坊”，大踏步地向标准化、系列化、模块化、现代化方向发展，为追赶和达到世界先进水平奠定了扎实的技术基础。

1987 年，梁思礼因为在 CAMAC 系统的研制工作中有突出贡献，获得国家科学技术进步奖二等奖。

梁思礼认为：产品的质量和可靠性是设计出来的、生产出来的、管理出来的，而不是试验出来的、检验出来的、统计分析出来的。

15 不放“马后炮”

1980 年 11 月 17 日，梁思礼被任命为中国火箭技术研究院副院长，主抓质量工作。从此，他走上了航天产品质量和可靠性工程的研究、探索之路。

关于航天产品的质量问题，梁思礼有过血的教训。由于“文化大革命”的干扰，正常的科研生产制度被废弛，大家盲目追求速度，导弹各个分系统全线出击，结果前一阶段该完成的工作没有做完就转向下一阶段，导弹的各部件、各分系统带着很多没有解决的技术问题，汇集到了总装厂。于是导弹总装测试时问题百出，装油漏油、装电漏电、装气漏气，许多部件需要返修，甚至重做。在一片混乱和重重困难中，梁思礼和同事们就像紧急救火队员，不分昼夜加班干，梁思礼连续苦战了 50 天，最后累得尿血，住进了医院。原本一个月就可以完成的导弹总装测试，却足足花了 100 天的时间。

到 1980 年梁思礼上任时，情况虽有所好转，但是随着研究院

20 世纪 80 年代末，梁思礼（主席台左二）任中国宇航学会质量可靠性专业委员会主任

内的型号研制任务不断增加，新技术大量应用，产品质量问题还是层出不穷，各级领导为此疲于奔命，到处“救火”，堵漏洞。梁思礼迫切地感到，抓产品质量不能总是秋后算账，这种“马后炮”的做法——慢、差、费，必须探索一条新的道路——快、好、省的产品质量和可靠性工程道路。

梁思礼是个具有前瞻性思维和勇于担当的人。

父亲梁启超早年留洋，曾东临日本、西游欧美，这使梁思礼很早就知晓天外有天；梁思礼 8 年的美国留学经历，使他具备了良好的外语技能、开阔的视野和多维度思考问题的能力。他虽然是导弹控制专家，但他的思想从不局限在控制系统，他对新鲜事物具有极强的敏感性，经常考虑很多与航天事业发展有关的全局性问题，航天可靠性工程理论就是他的一大发明。

他对自己多年亲身经历的失败教训和成功经验进行了深刻的反思和总结：第一代导弹武器存在许多质量问题，其病根在于有些新技术在预研工作不充分的情况下就仓促上马，边设计，边生产，边攻关。由于产品交付有时间“后墙”，设计人员来不及去突破关键技术，只好带着问题步入以后的研制阶段，结果多次“翻车”，欲速则不达。

链接 可靠性工程

可靠性工程是为了达到系统可靠性要求而进行的有关设计、管理、试验和生产等一系列工作的总和。它是在总结工程经验并伴随着近代数理统计学、系统论发展的基础上逐步形成、发展起来的。利用可靠性工程技术手段能够快速、准确地确定产品的薄弱环节，并给出改进措施和改进后对系统可靠性的影响。

后来也有成功的经验，如“东风三号”导弹在上马之前，发动机、惯性器件、控制系统等都有了比较充分的预研储备，一些关键元器件的技术难关均已突破，新研制的控制系统也通过了试验。因此该型号导弹从设计方案到第一次飞行试验，仅用了1年9个月，而且质量一直比较好。

鉴于此，1982年梁思礼撰写了一篇文章——《导弹控制系统研制工作的质量和可靠性管理》，全面阐述了他对可靠性工程本质的理解，他写道：

“日本的可靠性工程专家指出：质量是生产出来的，不是检验出来的。这句话很有道理，但不够全面。全面地看，可靠性和质量是设计出来的、生产出来的、管理出来的，而不是试验出来的、检验出来的、统计分析出来的。

“试验和检验只能说明产品可靠性的现状；统计分析只是一种工具，可以定量地预测或评估产品的可靠性，靠它们并不能完全解决产品可靠性问题。要想从根本上提高产品的固有可靠性，只能通过周密的设计、精心的生产和严格的管理。”

梁思礼首次提出了“三个出来”理念——“产品的质量和可靠性是设计出来的、生产出来的、管理出来的”，并对此做了详尽的解释：

梁思礼（右一）在调研“长二捆”火箭的质量问题

“设计首先决定产品的固有可靠性，生产是按照设计的要求去做，如果设计图纸本身的可靠性水平就那么高，生产时也无法再提高。有许多地方表面上看来是生产质量的问题，仔细分析起来却是因为设计质量造成的。原材料和元器件本身的质量及其正确地选定、正确地使用是设计的基础，还有工艺方法和环境条件的确定，试验技术、试验参数的正确性，计量标准的精确度，测量仪器的好坏，计算方法和计算工作的正确性，各种各样的技术保障工作，都是基础性的东西。根深才能叶茂，我们的工作精力分配应该是‘金字塔式’的，基础宽大扎实，塔尖才能稳固。如果我们的劲头、领导的精力、花费的经费和时间，成了‘陀螺式’‘倒三角式’，那么我们的导弹、火箭不出问题才是怪事了。”

梁思礼的这个观点和理论，给当时思想相对封闭的航天人带来了一股清风。在他的启发下，航天研制工作者的质量管理理念提升了一大步：只依赖成品检验和统计计算的质量管理方法，已经不能满足当前武器多型号研制发展的需要，如果以前“马后炮”“擦屁股”的办法还能起一定作用的话，如今则不可能奏效。因此必须从一开始的设计源头抓起，从制造和管理等方面加以保障。设计是决定系统固有可靠性的重要环节，制造部门力求使系统达到固有的可靠性，而管理则是保证系统的规划、设计、试验、制造、使用等阶段都按科学的程序和规律进行，即对整个系统研制实行严格的可靠性控制。

梁思礼又结合中国航天的小批量研制生产实际，总结、提炼出“十倍理论”“水桶理论”“全面质量管理十原则”，用以指

梁思礼在家中电脑前工作

导研究院的质量可靠性工作。

十倍理论，即可靠性工作应从导弹研制过程的源头抓起。航天产品的研制过程为：预先研究—方案设计（包括技术攻关）—初样设计—试样设计—飞行试验—定型—批量生产。只有抓好预先研究这一源头，才能达到事半功倍的效果，它是实现快、好、省的产品研制目标的前提和基础。型号研制工作每深入一步，对系统或硬件的设计修改就增加一份困难，所付出的代价也随之增大。一个问题处在概念设计阶段时，可能花 1 元钱就能解决；而问题拖到方案设计阶段，就要花 10 元钱；拖到初样阶段，就要花 100 元钱，以此类推。拖到定型阶段，则木已成舟，付出再大代价也无法更改。

水桶理论，即水桶装水多少，取决于最短的一块木板，“整个产品的可靠性，取决于最薄弱环节的可靠性，最薄弱环节加强了，产品的可靠性也就相应提高了”。一个“短板”解决了，再对下一个薄弱环节“补短”，这样，总的可靠性就会逐步提高。

全面质量管理十原则的核心内容是：将事后把关转变为事先控制，从设计源头抓起，实现全研制生产过程的质量控制。

为了使“梁氏理论”得到落实，梁思礼积极向下属工厂、院所推广，在他的大力宣传下，关于产品质量和可靠性的“三个出来”理念逐渐深入人心，得到了上级领导的一致认同。他推行的关于质量和可靠性的一系列观点、建议和措施在科研生产中得到积极推广并取得了明显的效益，使研究院逐渐走出质量问题成堆的困境。其中最明显的效果，就是我国的“长征二号”运载火箭连续成功地把 23 颗返回式遥感卫星送上了天，该火箭获得了上级颁发的“金牌火箭”称号。此后，我国长征系列运载火箭的发射成功率持续保持在 96% 左右，在世界上名列前茅。

鉴于梁思礼在研制洲际导弹和可靠性工程方面做出的突出贡献，1993 年 6 月，他当选为中国科学院院士。

16 您倡导的软件工程化起了大作用

1992 年，梁思礼在美国卡内基梅隆大学考察机器人时，发现大学里还有一个专门的研究所搞软件工程化，便前去参观，他直接向一线人员了解工作情况。美国朋友送了他几本公开发行的有关软件工程、软件测试和度量的权威书籍，他得知，美国国防部对军用软件开发单位的软件开发能力有一个评估办法——把能力分成了 5 个等级，其中每一个等级里面又细分为 4 等。他查找并学习了这份评估办法。随后，梁思礼又去书店选购了几本相关的书籍。

梁思礼是一个具有战略头脑和超前思维的航天科学家，他经常关注世界前沿科学技术的发展。从美国考察回来后，他翻阅、思考、研究这些材料，觉得软件工程化问题非常值得航天系统借鉴。

随着计算机的广泛应用，各种软件应运而生。虽然软件开发在航天系统越来越受到重视，但是还存在着很大的隐患，比如，

梁思礼（左一）在美国考察时，与美国专家讨论问题

梁思礼参加载人航天工程论证会

开发者习惯于个人承担开发一部分软件，分析、设计、编码、测试全由自己完成，即“自编、自导、自演”；软件接口部位缺少规范，仅靠口头的“君子协定”或虽有文字约定但很粗略，导致接口部分责任界面模糊。导弹具有多个系统，每个系统又有多个不同的软件，如果大家都各行其是，结果会是“百家争鸣”。打个通俗的比喻，好比一支球队，有的人踢足球，有的人玩篮球，还有的人打乒乓球，在这种情况下即使每个人都是最棒的球员，整支球队依然是最差的球队。这种情况对于研制导弹或者建设航天大工程来说，简直太危险了。

梁思礼认为，存在这些问题说明我们的软件开发能力基本上还处于手工作坊阶段，按美国国防部的评估办法，恐怕连最低的 1 级也达不到，而美国要求开发军用软件的单位必须达到 3 级以上的水平，例如为“挑战者号”航天飞机开发软件的 IBM 公司达到了最高级别5级。每每想到此，梁思礼都忧心忡忡。

1992年9月21日，国家批准中国载人航天工程立项，代号“921”工程，并要求像当年抓“两弹一星”那样，抓载人航天工程。

梁思礼由此想到，这是推行航天软件工程化的极好机遇，原因有两个：一是载人航天工程有极高的可靠性、安全性要求，需要软件工程化做保障；二是针对新上马的航天工程，从头抓起比在工程中间或结尾阶段插入要相对容易。

于是，梁思礼首先找到中国载人航天工程总设计师王永志沟通，向他分析了载人航天工程的突出特点：一是安全性和可靠性很关键；二是系统极其庞大、复杂（“挑战者号”航天飞机的飞行控制软件有50万行源代码，我国神舟载人飞船上多达70万行源代码）；三是计算机软件在整个系统中起到“神经中枢”的作用，一旦软件失灵会带来灾难性后果。

王永志曾经当过运载火箭技术研究院院长，有过软件“自编、自导、自演”的教训，甚至遇到过编软件的人员辞职出国，别人“玩不转”其所编软件的危险情况。

两人谈话非常投机，意见一致。然后他们向时任航空航天部副部长的刘纪原汇报了美国航天飞机和波音飞机公司实行软件工程化管理的经验，提出以载人航天工程作为试点，实施软件工程化的建议。刘纪原也是专业技术出身，深知其中利害：从前的计算机还没有这么发达，依靠“自编、自导、自演”的办法还能勉强度日；而今非昔比，如果不用“软件工程”的方法，载人航天工程很容易出问题，而且是人命关天的大问题。

4 音频科普 载人火箭的三高两绝是什么？

很快，载人航天工程领导小组做出决定，载人航天工程有 7 个分系统，软件工程化工作首先在火箭和飞船 2 个分系统推行，其他分系统陆续跟进。载人航天工程有 10 项质量控制的基本要求，其中一项就是软件实现工程化管理，这是具有强制性质的法律规定。

王永志在一次专访中谈道：

“载人航天工程是迄今中国航天史上系统组成最复杂、规模最大、要求最高的巨型工程。这么大的一个工程，涉及面这么广，用这么多的软件，怎么管理？只有借鉴软件工程化管理。

“当初我们对硬件的管理是很有一套办法的，比如我们的工程图有设计、校对、审核、评估、标准化管理，最后批准。每一张图纸得经过这么多的环节才能下厂生产，软件也必须这么做。首先是软件的设计，其依据是什么，得有人提总体的要求；然后软件都由哪些人设计，设计完后由谁校对、审核、评估。评估，不是针对编程者，甚至不是编程者单位，测试设备也不能用编程单位的，而是由独立的第三方来进行测试和评审，这样才能得出结论。我在梁思礼的建议和协助下，下决心搞好中国航天第一个全面实现软件工程化管理的工程。”

一开始，大家还不太习惯，梁思礼就多次向各级设计师和各研究院、所反复介绍国外的经验和软件工程化的基本内容及其重要性，并明确提出软件开发必须要依据一定的方法，采用一系列技术，对工程全生命周期通盘考虑，使主要的开发和管理行为规范化。梁思礼组织人员参照国外经验编写了4本软件工程标准，并以此为蓝本大力推广。

梁思礼（右）和任新民院士（左）讨论问题

梁思礼还提请航空航天部考虑：成立相应机构，赋予一定职责，支持一定的经费。在他的建议下，落实了8项措施：成立软件专家组；确立了“软件主任设计师”岗位；形成了软件质量与硬件质量并重的管理责任；将软件作为产品纳入技术状态表、计划配套表和产品配套表；制订软件技术状态控制要求及图样管理制度；制订软件文档编写及归档办法、制订软件质量管理办法、软件验收交付管理规定；开发软件配置管理系统；给予软件开发费。

在载人航天工程立项至初样研制结束期间，由于前期工作到位，基础扎实，很快就形成了较为系统和完善的软件质量与计划管理规范性文件，研制了专门用于软件测试的“仿真测试平台”，组织了软件走查工作，采用信息化的手段进行配置管理，组建软件检测站，开展第三方确认测试，软件产品有了配套的产品证明

2003年10月，梁思礼（左）与中国载人航天工程总设计师王永志合影

2003年10月，当航天员杨利伟乘坐我国首艘执行载人飞行任务的“神舟五号”载人飞船安全返回后，在领导、专家与航天员的见面会上，王永志总设计师握着梁思礼的手动情地说：“您倡导的软件工程化起了大作用！”这是工程总设计师对梁思礼所做工作的充分肯定。

书和履历书。到1999年神舟飞船首飞时，软件工程化已自上而下全面推行，逐步成为研制队伍的自觉行为。

在火箭和飞船2个分系统推行软件工程化经验的基础上，载人航天工程其他分系统，如飞船应用系统、生命保障系统、测控通信系统、航天员系统也实现了软件工程化。由于按软件工程化的规定办事，载人航天工程的软件成熟度得到大大提高，航天器上天运行没有出现过问题，各次飞行任务均圆满完成。

软件工程化不仅在载人航天工程中起了大作用，后来航天器所有的型号研制都采用了软件工程化的规定和标准，使航天产品的可靠性大为提高。

17 多一个视角，就少一个死角

敢讲真话、爱提问题是梁思礼一贯的工作作风。

1962 年，“东风二号”导弹首次发射失利后，钱学森与导弹总体部、控制所一起讨论、改进方案。梁思礼当时是控制所“东风二号”控制系统的副主任设计师，他也参加了讨论会。

会上，双方汇报改进方案时发生了分歧。总体部提出，在改进的新方案中，对控制系统的设计要求是静不稳定度应设定在小数点后的 4 位数；而控制所提出，这个指标不符合实际，以现有的技术手段根本达不到。会上大家争论得非常激烈，由于责任重大，双方互不相让。钱学森听着双方陈述的理由，背着手在室内走来走去。过了一会儿，钱学森问总体部：“你们对静不稳定度的计算怎么能这么精确？导弹控制系统需要控制头发丝这么小的变化吗？”这时，会场鸦雀无声，只有梁思礼说道：“钱副院长，就算要赖皮我也要说一句，总体应当体谅分系统，把设计余量留一些给基层。总体把设计余量全用完了，分系统、部件、元件的设

梁思礼在评审会上发言

梁思礼为人正直，参加各种评审会从不走过场，人云亦云。凡是他不清楚的、不放心的问题，他都会打破砂锅问到底，然后鲜明地表达自己的意见，以至于当被评审方得知“考官”有梁思礼时，都会精神紧张，格外做足准备。

计全是负数了，还怎么设计？”钱学森看着这个敢于直言的人，赞许地点了点头。

除了敢于直言，梁思礼还极端痛恨那些作假的人和事，特别是学术作假。他身为院士，曾在报纸上公开发表文章说：“院士作为学术带头人，必须高度自律并接受社会监督。目前社会上（包括有的高校）以院士称号为‘招牌’为本单位争名夺利，有的院士也甘愿让这些单位这样做，而事后由于兼职过多，把自己承诺的义务置于脑后，长此以往，院士这个荣誉称号会变味的。此风不可长。”

20世纪90年代，在一次神舟飞船惯性系统的研制评审中，在方案、惯性器件的选择和生产单位定点等问题上，“评审官”梁思礼和研制方有不同意见，而研制方又非常坚持自己的方案，最后的评审结果是一个折中的方案：研制方主张的系统为主方案，梁思礼等人主张的系统为备份方案。评审结束后，研制方的技术负责人陈祖贵很担心，这次评审是不是得罪了梁思礼，以后的评审会不会受到“刁难”？

后来发生的事彻底让陈祖贵放心了。1995年，陈祖贵负责的飞船三大关键技术之一的“飞船返回控制技术”（简称GNC系统），在部级评审时遇到了一些不同意见，但是梁思礼等老院士首先站出来肯定他们在攻关中取得的成果，支持他们提出的新技术。那次评审会在梁思礼等人的支持下获得了通过。这是中国载人航天工程三大攻关项目中第一个通过评审的项目。后来飞行结果证明，在所有飞船的飞行中，GNC系统都圆满地完成了飞船的返回控制任务。

在“神舟一号”飞船飞行中，GNC系统不仅帮助飞船安全返回，而且飞船落点精度达到了国际先进水平。在任务指挥控制大厅里，梁思礼看见了陈祖贵，老远就和老陈打招呼，握着他的手说：“老陈，你们的GNC系统任务完成得很不错，棒极了！”可见梁思礼从来不计较个人恩怨，满脑子惦记的都是航天事业。

梁思礼爱提问的习惯，还避免了一次船毁人亡的重大事故。那是“神舟三号”飞船准备发射期间发生的一件事。

飞船的设计人员在“神舟二号”飞船的飞行试验中发现有一

梁思礼（左三）在神舟飞船发射现场

个姿态敏感器安装位置不合适，需要改变安装的位置和方向，于是决定在“神舟三号”飞船的飞行试验时把这个仪器的光轴方向颠倒180度，为此该仪器的信息处理公式中的一个“+”号要变成“-”号。如果极性反了，飞船的飞行就会南辕北辙。

在飞船出厂评审会上，评审组的专家们对这一重大修改非常重视。梁思礼反复提问：“你们的那个极性修改了没有？再仔细查看一下，极性错了可要出大问题啊！”当时设计人员回答说，已经下通知单修改了。

可是就在评审通过的第二天，飞船 GNC 系统副主任设计师王南华报告：通过试验发现这个符号和“神舟二号”飞船用的完全一样，没有修改。原来她在听了梁思礼的提问后感到有点儿不放心，回去补做了试验。当她把仪器的信号引入控制系统时，飞船的姿态就开始发散，再一查，这个重要的符号确实没有修改。

对于自动控制系统来讲，这个“+”号和“−”号非常重要。比如对于一个锅炉的温度控制系统，如果发现锅炉温度高于给定值，就应该通过温度控制使锅炉的温度降下来，这叫作负反馈；但是如果把这个符号搞反了，锅炉温度不但不降，反而增加，这叫作正反馈。对于飞船的姿态控制系统来说，如果符号反了，就可能使飞船姿态失控，造成飞行试验失败。

梁思礼的一个提问，暴露了一个大隐患。为修改软件，整个飞船发射推迟了 20 天。飞船研制者再三向梁思礼表示谢意：“多亏您及时提出这个问题，如果在地面上没有发现，待飞船上天，后果不堪设想。”

爱提问题的梁思礼

梁思礼说：“我这个人就是爱提问，提问也是一门学问，李政道先生就提倡‘求学问，需学问，只学答，非学问’，凡事多一个视角，就少一个死角嘛。”

苟利國家生死以
豈因禍福避趨之

源自父亲的趣味主义生活态度，
伴随梁思礼度过了丰富多彩的一生。

18 人生多彩

2014 年 10 月底的一个夜晚，适逢“探月工程三期再入返回飞行试验任务”获得成功，在家乡广东新会的古兜温泉，90 岁的梁思礼静静地漂浮在水面，望向远方——夜空清澈、深邃，一弯清新的月牙在点点繁星相伴下，“笑眯眯”地俯瞰着水中漫游的老

链接 探月工程三期再入返回飞行试验任务

2014 年 10 月 24 日，为“嫦娥五号”回家探路的再入返回飞行试验器——“嫦娥五号”T1，在西昌卫星发射中心用“长征三号丙”运载火箭发射升空。10 月 28 日，“嫦娥五号”T1 完成月球近旁转向飞行，离开月球引力场，进入月地转移轨道。“嫦娥五号”T1 返回器于 11 月 1 日成功返回内蒙古乌兰察布市四子王旗，整个飞行过程为 8 天，经历地月转移、月球近旁转向、月地转移、再入返回、着陆回收等 5 个阶段。此次任务是我国探月工程三期的一次重要验证飞行试验，主要目的是突破和掌握探月航天器再入返回的关键技术，为“嫦娥五号”任务提供技术支持。

5 音频科普 嫦娥五姐妹到月球舞台上表演了什么节目？

人。天际浩渺无垠，水边绿树成荫，一辈子追梦的航天老人在天地之间与自然融为一体……

90 岁了还能游泳？没错。

父亲梁启超是个趣味主义者，他在《学问之趣味》的演讲中说道：“我是个主张趣味主义的人，倘若用化学化分‘梁启超’这件东西，把里头所含一种元素名叫‘趣味’的抽出来，只怕所剩下的仅有个零了。我以为凡人必须常常生活于趣味之中，生活才有价值；若哭丧着脸挨过几十年，那么，生命便成沙漠，要来何用？”

父亲的趣味主义基因也遗传给了梁思礼。无论是在春光明媚的顺境里，还是在风吹浪打的艰难中，梁思礼都保持着一种平和的心态。他努力忘却烦恼，让自己远离悲观和失望，善于在丰富的文化体育活动中汲取乐趣，享受多姿多彩的生活。

回忆穷苦的留学时期，年轻的梁思礼常通过体育锻炼自娱自乐、打发周末。他蛙泳、仰泳、自由泳样样在行，可以连续游几千米，还拿到了救生员的执照，成为出色的水上救生员。

有了年轻时代的运动基础，梁思礼到 70 岁时，游泳横渡颐和园昆明湖，一点儿不成问题。80 岁以后，梁思礼的体力有所下降，但是酷爱游泳的他仍然离不开水，常常不顾家人的劝阻，乐颠颠地跑到游泳池里，脚不沾地、半漂半游地在水中待上个把小时。他还发明了一种新的泳姿，自称“水母式”，就是将身体平躺在水面上，一动不动地自然漂浮着，一般可以漂上数小时。如果想增大活动量，他就划动双臂，或者上下肢并用，变成蛙式仰泳，总之，始终使身体漂在水面上。由于这种体验有点像处于失重状态，他感觉自己如同航天员在太空中行走，自由自在，便得意地将这种游泳方式比喻为“太空漫步”。梁思礼这样游泳，一直坚持到了 90 岁。每每此时，使用“水母式”泳姿的梁思礼都会陶醉一番，他微微闭着双眼，在水中惬意地享受着奇妙的失重般的感觉，仿佛自己是一名航天员，遨游到了太空，正在“出舱行走”。他多次告诉家人和朋友，这种感觉真好。

在嘉尔顿学院，梁思礼还学会了摔跤，加入了学校的摔跤队。

梁思礼的“水母式”游泳

梁思礼（前排右一）所在的美国中西部十大高校摔跤联赛冠军队合影

转到普渡大学后，该校的摔跤队又一再邀请梁思礼加盟。于是学习之余，梁思礼成了普渡大学摔跤队的羽毛级（最轻量级）队员，每周参加训练和比赛。梁思礼从小就喜欢体育，身体素质很好，加上身材瘦小、动作敏捷、反应迅速，所以他在摔跤比赛中胜多负少。1945 年，在美国中西部十大高校的摔跤联赛中，普渡大学队几经征战，捧得了冠军杯。

在普渡大学期间，梁思礼非常活跃，他尽情地享受学习和生活的乐趣。两年多的时间里，他获得了学校颁发的 4 个“金钥匙”。“金钥匙”是一种荣誉，得到的越多，证明你各方面的素质越高，这对学生毕业后找工作很有帮助。梁思礼获得过科学荣誉学会、工程荣誉学会、机电工程学会颁发的“金钥匙”，在参加摔跤比赛获得联赛冠军后，他还得到了 Reamer 俱乐部的“金钥匙”。Reamer 俱乐部的“金钥匙”对学生有全面的要求，不仅要学习成绩好，还要德、智、体全面发展。

2010 年 10 月，梁思礼在家观看最喜爱的美式橄榄球赛

美国橄榄球职业联赛总冠军赛是在可容纳 10 万人的“玫瑰碗”大球场进行的，这也是球迷们的重大节日。回国后，梁思礼看不到联赛了。有一位香港朋友知道后，特意录下了几场 20 世纪 90 年代的“玫瑰碗”冠军赛，并刻成光盘寄给他，他在国内又看到了几场美式橄榄球赛，大呼过瘾！

梁思礼还是个地地道道的球迷。从在南开中学读书开始，他对很多体育项目都感兴趣，比如跳水、体操、田径、滑冰，这些项目他虽然参与不多，但很爱看比赛，尤其喜欢看球类项目的比赛，近乎着迷。在普渡大学读书时，他特别喜欢看美式橄榄球赛。刚开始看不懂，觉得球员们乱摔、乱撞、人压人，挺野蛮的。但明白规则后，就发现其中有很多战略战术的运用，忽而声东击西，忽而硬冲硬闯，一会儿长传短吊，一会儿“明修栈道，暗度陈仓”，让人看得目不暇接，非常过瘾。

从 20 世纪 60 年代起，梁思礼就喜欢上了国球——乒乓球。

从容国团1959年第一次在世界乒乓球锦标赛（简称“世乒赛”）上夺冠，到邱钟惠、庄则栋、李富荣、徐寅生、梁戈亮等一批批名将的比拼，梁思礼几乎成为铁杆乒迷。1977年3月，世乒赛在英国伯明翰举行，团体赛决赛那天晚上，梁思礼家被邻居和同事们挤得水泄不通。当时，他家里有台14寸黑白电视机，那年月有电视机的人家可不多，所以大家全跑到他家来了——椅子上、桌子上、床上，全挤满了人。梁思礼的女儿放学回家晚了，结果连家门都进不去，只好站在摞起来的椅子上，透过房门上的小玻璃窗看电视里面的比赛。那场比赛梁戈亮和日本选手打得难解难分，房间里梁思礼和球迷们的情绪也随着乒乓赛事大起大落，忽而房间里鸦雀无声，忽而大家手舞足蹈、欢声雷动。梁思礼坐在书桌旁和大家一起摩拳擦掌，情绪激昂，好似身临其境。最后时分，只见梁戈亮跳起来连抽八大板，打得日本选手只有招架之力，最终中国赢得了男团冠军。此时官不分大小，人不分长幼，满屋子又一次充满了掌声和笑声，气氛热烈无比。这架势，就是比起当今球迷在啤酒馆里看世界杯足球赛的场景，也有过之无不及。

到了20世纪80年代，梁思礼又喜欢上了排球，当然他更爱看的是女排。郎平、张蓉芳、周晓兰、赖亚文，中国女排“五连冠”时代的球星，他个个喜欢。只要不出差、不加班，中国女排的比赛，他和老伴场场不落。人生能有几回搏，女排的拼搏精神使他为之振奋，因为这与航天精神、“两弹一星”精神有着异曲同工之妙。

有一段时间，梁思礼对足球也入迷，总盼着中国足球能闯进世界杯，但是男足总是不争气，特别是他们的“恐韩症”，让梁

梁思礼夫妇在家观看女排比赛

思礼一而再，再而三地泄气。教练米卢好不容易带领中国足球队冲进了世界杯，可是第一轮就一球未进惨遭淘汰，实在太让梁思礼伤心了，所以他对足球的兴致也就慢慢减退了。

后来，梁思礼喜欢上了美国NBA篮球赛，什么公牛啊、火箭啊、湖人啊，他分得倍儿清，乔丹、奥尼尔、科比都令他着迷，不过最让他着迷的还是姚明。这个身高两米二六的帅小伙，以状元秀的身份加盟火箭队，体力和技术年年有进步，成为NBA的最佳中锋之一。每逢有火箭队和姚明的比赛，梁思礼肯定会雷打不动地坐在电视机旁。

梁思礼这一辈子都童心未泯，对一切充满好奇和兴趣，还特别善于接受新鲜事物，他和同时代的老人相比，可算得上是个“赶时髦”的人。当然，丰富多彩的生活，源自他的趣味主义生活态度。

步入老年后，他仍然不落伍，对互联网、微博、微信备感兴趣。有一次听说女儿一家在外面打不着车，所以改用软件打车了，他就跟外孙女说：“给我下载一个，我也试试。”他爱上网、爱看新闻，爱用新媒体捕捉国内外大事和科技发展的新动态。

他还爱在网上下中国象棋。以前工作时他忙得不可开交，只能利用在外开会的休息时间过过棋瘾。退居二线后，他时常和几个老专家相约而坐，杀上几盘。后来，有的老伙伴去世了，有的老伙伴年老腿脚不便，所以大家相聚的机会少了。然而，耄耋之年的梁思礼不甘寂寞，找到了在网上下棋的新乐趣，他劲头十足地在虚拟的棋局中纵马驰骋，常常玩得废寝忘食。有时夫人赵菁喊他吃饭，催了一遍又一遍，他嘴上答应“不玩了，不玩了”，但屁股却不挪窝，下了一盘又一盘。

源自父亲的趣味主义生活态度，伴随梁思礼度过了丰富多彩的一生。

老棋迷梁思礼

19 阳光男人

看一个人的心态如何，不在风平浪静时，而在遭遇人生挫折时。

梁思礼有着非常乐观、积极的心态，不论生活中遇到什么颠簸和风浪都能从容面对。

1968年夏，44岁的梁思礼永远地失去了母亲。当时梁思礼在大西北参加导弹试验，没能及时赶回家去祭奠。母亲的骨灰被一个远房亲戚安葬，很可惜这位亲戚得了老年痴呆症，于是母亲葬于何处，成了永远的谜。

尽管内心悲痛，但是梁思礼却咬牙忍住泪水，依旧没日没夜地驰骋在他的导弹世界里。也许，只有忙碌才能分散痛苦，只有工作才能化解悲伤。外人看到的梁思礼，永远是那么阳光。

女儿梁旋谈起爸爸的心态，深有感触："年轻时，爸爸既要在工作一线处理很多事情，还要面对许多不尽人意的事情，不管是在单位还是在家里遇到挫折，我从没听到过他唉声叹气，没有看到他怨天尤人。虽然他有很多苦恼和困惑，但他回到家还是以

1965 年，梁思礼（后排左一）一家和母亲的最后一张全家福

一个好爸爸的姿态面对我们，从来不发脾气。他给我们讲故事、带我们去公园、教我们游泳，他内心的苦闷、烦恼自己去承受和排解，从不传染给周边的人，不给家人带来负面情绪，我们看到的是个快乐的爸爸。”

1974 年，梁思礼被下放到河南正阳“五七干校”劳动，被分配当了“猪倌”，那一年他正好 50 岁。

一个搞导弹的知识分子被派去养猪，这是对人极大的不尊重，甚至是羞辱，有点像“发配罪犯”。但是梁思礼生性乐观，他养起猪来也别有一番意趣。每天梁思礼戴上套袖，穿上围裙，打猪草、拌猪食、清猪圈，干得高高兴兴。梁思礼养的猪一听见他的呼唤，

↖ 1974 年，梁思礼在正阳“五七干校”当“猪倌”

↑ 梁思礼身后就是他每天劳动的猪舍

梁思礼在“五七干校”养了整整一年的猪，精力充沛、年富力强的他成为一名出色的“猪倌”。

20 多年后回忆起这段往事，梁思礼依旧饶有兴致：“都说我抓航天产品质量时是实行全面质量管理，其实我养猪也是这样。从配种、给小猪接生、催肥，到最后杀猪吃肉，每个环节我都一丝不苟。当然，杀猪时我一般都不在，主要是不忍心下手。”

就知道他端着猪食来了，都争抢着扒着圈墙。看着肥头大耳、干干净净的“八戒”军团，梁思礼很有成就感，还特地和它们合影留念。

1987 年 11 月 17 日，63 岁的梁思礼再一次遭遇了失去亲人的重创。梁思礼一共有 3 个孩子——一个儿子，两个女儿。儿子梁左军，生于 1957 年，他小的时候，梁思礼夫妇一天到晚忙于工作，很少有时间来管他。他一直跟着奶奶一块儿生活。奶奶非常喜爱这个孙子，俩人的感情特别好。奶奶去世后，他再也看不到曾经朝夕相处、十分疼爱他的奶奶了，所以精神受到了很大的刺激。医院认为他患了精神分裂症，给他吃了很多安定类的药。

后来，他考上了大学，毕业后分配到研究所，做普通的资料管理工作。他 30 岁时曾和表哥通信，谈道：都是梁启超的孙子，自己太不争气了，本应该干一番事业，可到而立之年却一事无成。最终他选择结束自己的生命，而那一天正是梁思礼跟赵菁的结婚纪念日。

幼年丧父，中年丧母，老年丧子，人间不幸的苦果都让梁思礼品尝了。

在度过一段痛苦的日子后，梁思礼再次从沉重的打击中坚强地站了起来。他以“人心本无累，累得是放不下的太多”的心态，丢弃痛苦，重新乐观地面对工作和生活。他认为人生就像时钟，过了子夜就是新的开始，因此生活也应如同航天型号的研制，要学会“归零”。顺境时，把自己“归零”，可以消除“骄娇”二气；逆境时，勇于“归零”，才能重新面对自己，从头开始，积极奋斗。就像春节前的大扫除，把那些没用处的东西清除掉，把有用的珍品拂拭干净，就可以窗明几净、心情舒畅地迎接新春。唯此，人生才会多一分清醒，多一分淡泊，才会拥有新的希望与辉煌。

进入 21 世纪，拥有阳光心态的梁思礼退出了工作岗位，但他仍然时刻关心着中国航天事业的创新发展。在业内，他为重大的、长远的、前沿性的技术发展方向和技术途径等问题出谋划策，提出战略思考。在业外，他还关心着青少年的成长，关心着祖国的未来，把培养青少年立志成才、为国家繁荣富强做贡献，当作自己分内的工作，努力把自己手中的火炬传递给后人。

梁思礼是出了名“好请”的大专家，航天系统的许多单位每年在新入职员工到来之际，都约梁思礼为新人授课；他也经常为新上任的年轻的型号总设计师、总指挥及干部培训班做报告。梁思礼将他自己的亲身经历以讲故事的方式分享给大家，饱含着艰苦创业、顽强拼搏的精神；他总结成功经验、汲取失败教训，将不畏挫折、无怨无悔等人生哲理，“热爱祖国、无私奉献，自力更生、艰苦奋斗，大力协同、勇于登攀”的“两弹一星”精神和“特别能吃苦、特别能战斗、特别能攻关、特别能奉献”的载人航天精神都贯穿其中。

为宣传和传承中国航天精神，20 多年来他不辞辛苦地在国内外几十所大学、中学做了上百场报告，深受广大听众的欢迎。他的足迹遍及大半个中国以及马来西亚、新加坡。从 2006 年 3 月到 2012 年 7 月，梁思礼在中国老教授协会任副会长、顾问。中国老教授协会受教育部高教司委托，面向全国高校开展“当代中国国

2009 年 10 月，梁思礼（前排右四）在南开中学与师生合影

2010 年 10 月，梁思礼回到母校南开中学，坐在自己原来的座位上留影

梁思礼曾经告诉那些“80后”和“90后”们，80多岁的自己也是一个地道的“80后”。他还自诩道：“我和‘80后’，说得来。”

情与青年历史责任”课程。在 6 年的时间里，他以“中国航天精神和素质教育”为题，先后为北京邮电大学、对外经济贸易大学、北京理工大学等十几所著名高校的学生和青年教师培训讲课，直接听众 3400 多人，全国网络视频听众 57000 多人，学生和青年教师听后反映很好。“两弹一星”“载人航天”“嫦娥探月”一个个里程碑式的航天成就让学子们向往，勇于奋斗的航天精神令学

2013 年 6 月，梁思礼在启超中学毕业典礼上讲话，他向启超中学赠送了《向太空的长征》一书

改革开放以后，中国航天逐渐揭开了神秘的面纱。梁思礼受中国宇航学会、何鸿燊航天科技人才培训基金会等单位的邀请，先后到大学、中学和机关、企事业单位等做报告，宣讲航天知识、航天成就。2003 年，他把多年的科普报告编写成《向太空的长征》一书，出版后产生了很大影响。

当有人问梁思礼，在他心目中“国家”二字究竟有着什么样的意义，梁思礼沉思片刻，答道：“我们每个人都从国家索取，又向国家回馈奉献。索取，大家是为了过好自己的生活，理所当然；但是为了国家的进步和发展，我们能够回馈国家的，应当远远大于我们索取的。”

子们振奋，航天人的无私奉献使学子们感动。这些报告得到了各界的欢迎，对不少青少年影响深远，引起了他们追求科学文化知识的兴趣，激发了他们向科学进军、立志成才的信心，增强了他们为祖国繁荣富强而奋斗、实现中国梦的决心和勇气。

20 耄耋之龄传家风

梁家是一个大家族，梁思礼的兄弟姐妹众多，他是其中最小的。既然是大家族，父亲梁启超去世后，兄弟姐妹中总要有一个人出来担任“掌门人”。

最初，梁思礼的二哥梁思成当过“掌门人”。虽然他不是王桂荃生的，但是却把王桂荃当作亲生母亲，把她家作为梁家大本营。那时梁思礼的哥哥姐姐们经常带着孩子到王桂荃住的地方聚会，孙辈们特喜欢在小院里骑车、滑冰、翻看照片，梁思礼会教他们怎样把玻璃涂黑后看日食，还给他们买当时流行的文体用具。

每年清明，王桂荃都要带上儿孙们去香山脚下的北京植物园给梁启超扫墓，祭拜后，王桂荃总要在墓前坐一坐，孙辈们便开心地满山撒欢儿去了。

后来，梁思礼的三姐梁思庄当了“掌门人”。1981 年春节前，她提议趁着大家腿脚还灵便，回老家广东新会看一看，大家一致赞成。于是三姐梁思庄、三哥梁思永的夫人李福曼、五姐梁思懿、

1955 年，梁思礼一家在北京西单家中为母亲贺寿。二排左起：五姐梁思懿、二哥梁思成、母亲王桂荃、大姐梁思顺、外甥周同轼；三排左起：梁思礼、三姐梁思庄、三嫂李福曼、五嫂俞雪臻；四排左起：五哥梁思达、外甥周嘉平

梁思达的女儿梁忆冰回忆说：

“我们特希望婆（王桂荃）过生日，这样就可以大家聚一聚，玩一玩。二叔梁思成要是在，基本上都是他在说话，他爱讲笑话，特别有意思。有一次我玩八叔（梁思礼）送的腰鼓，高兴极了，连做梦时都在打腰鼓，结果一脚把婆给踹醒了。

“三姑梁思庄也是特开朗的人。放暑假，三姑把我们接到她家玩，我们就去翻她的唱片。三姑回来看到了，不但不嫌我们烦，还提议一起玩时装表演。于是她换上旗袍，放着音乐，我们跟着她嘻嘻哈哈从这头走到那头。”

堂弟梁思乾和梁思礼夫妇共 6 人组成了“还乡团”，去梁启超的出生地探望。“还乡团”一行人中大部分已年过六旬，最小的梁思礼夫妇也年过半百，但他们都未曾回过故乡。“还乡团”特意挑选了两件父亲珍藏的文物赠送家乡，其中一件是战国时代的编钟，另一件是明末清初新会籍名儒陈献章的墨迹，旁边还有梁启超亲笔写的跋。

1981 年，梁思庄组织的“还乡团”在家乡合影。前排中为梁思庄，左一为梁思懿，左二为三嫂李福曼，右一为梁思礼，右二为赵菁

梁启超故居茶坑村的乡亲们闻讯赶来，把他们团团围住。梁思庄和梁思乾会说粤语，乡亲们叽叽喳喳地和他们说个没完，梁思礼等人不会说粤语，也根本听不懂，只好由县里的陪同人员做翻译。顿时，这个平时安静的村庄热闹起来。

随着时间的推移，梁思礼的哥哥姐姐们有的病故、有的年老体弱，梁思礼自然而然就成为梁家的新“掌门人”。

梁思礼的作风非常民主，每次遇到家里的大事，他都会召集家族各支的代表来开会，大家集体讨论、共同商量，再做出决定。

1993年，梁思礼觉得自己年龄大了，应当多发挥年轻人的作用，在他的建议下成立了负责日常工作的“三人内阁”，梁思礼则当起了不直接管事的“垂帘”八老爷（梁家第四代喜欢称梁思礼为八爷爷或八老爷）。

那一年是梁启超诞辰130周年，梁家人在一起聚会的时候自然而然地想起了王夫人，她没能留下骨灰和墓地，大家都希望选一种方式来纪念她。最后大家决定在梁启超的墓前种一棵白皮松，立一块纪念石。在讨论中，梁思礼提议成立一个小组，来具体落实此事。最后大家推举梁思礼的三哥梁思永、三姐梁思庄、五哥梁思达的女儿们——梁柏有、吴荔明和梁忆冰来负责。在整个家族中，她们三人对老一辈和小一辈都比较熟悉，而且年富力强。后来她们联系了北京市很多单位，最后促成了这件事。从此这个小组便成了梁思礼手下的“三人内阁”，家里每逢大事都是由她们协调、组织。由于梁思礼特别民主、宽容，亲和力很强，以他为核心，梁家亲戚们经常走动，梁家后代们也越走越近，越来越亲。

对于父亲梁启超的遗物，梁启超生前有交代，去世后他的东西要捐献给国家。梁思礼当“掌门人”后，召集梁家后人协商，一致决定遵照父亲遗嘱，将其在天津“饮冰室”书斋的全部藏书2831种41470余册捐赠给国家图书馆。1997年4月，他们又把梁启超的部分文物捐献给了中国第一历史档案馆。

2012 年 9 月，有一家拍卖公司宣称要把由“梁启超故居北京南长街 54 号”保存的梁启超的重要信札、手稿拍卖。拍卖前，该公司举办了拟拍文物的预展，本想请梁启超唯一健在的小儿子及其他直系亲属莅临助威，但是梁思礼等人闻讯十分气愤，他和哥哥姐姐们的子女坚决反对并拒绝观展。随后他们联名在报刊上发表声明，态度鲜明地表示：父亲生前曾对家人交代，他离世后，遗作都应捐献给国家，不能出卖，此次违背梁启超意愿的拍卖行为与其后代无关！

链接　北京南长街 54 号

这里是梁启超胞弟梁启勋的故居，并不是梁启超的故居。梁启超自日本回国后便住在天津，曾定居天津意租界西马路 25 号（现天津市河北区民族路 46 号），即“饮冰室”所在处，那里才是梁启超的故居。梁启超在北京没有长期住所，在清华任教时曾住过清华园北院教员住宅第二号。

梁启勋比梁启超小 3 岁，有一段时间两兄弟关系十分密切。抗战时期，1937 年 12 月，留在北平的梁启勋曾出任伪职，当了伪中华民国临时政府外汇局调查室主任，梁启超之子梁思成带领弟弟妹妹宣布与梁启勋断绝关系，后来两家后人也就没有了来往。尽管梁启超的后人坚决反对拍卖梁启超的遗物，但是梁启勋的后人仍坚持拍卖，还拍出了 6500 多万元的天价。

2014 年 8 月 24 日是梁思礼的 90 岁大寿。生日当天，梁启超的后代们在北京西山脚下为梁思礼举办了寿辰家宴。梁氏家族共有五代人，各家都派了代表为梁思礼祝寿，最大者 86 岁，最小的只有 6 岁。

2005 年春节，梁家族人聚会合影

家宴搞得像模像样，众人一落座，热闹的家庭文艺会演便拉开了帷幕。梁家后人多才多艺，早在 10 年前，梁思礼就组织过“梁氏家族第一届音乐会”，演员是梁家祖孙三代 30 多人，节目有独唱、二重唱、钢琴独奏、电子琴独奏等，梁思礼和比自己还年长 2 岁的外甥周有斐（梁思顺之子），都兴致勃勃地演唱了英文歌曲。

梁思礼 90 岁大寿这一天的演员阵容依然强大，节目依旧精彩。外甥女吴荔明（梁思庄之女）和其丈夫均已 79 岁，两人用纯正的美声表演了《金发中的银发》二重唱，侄媳周玲、吴荔明之子杨念群声情并茂地清唱了京剧《沙家浜》选段《智斗》，杨念群的妻子周蓓则以清脆悦耳的女声独唱拔得头筹，梁家第五代人向梁思礼献上了自己精心绘制的生日贺卡，最后男女老少全体大合唱《夕阳红》。

突然，屋里的灯光暗了下来，生日蛋糕“出场”了。梁思礼还清楚地记得，在自己80岁生日的时候，两个侄女梁柏有和梁忆冰别出心裁地请蛋糕师傅做了一个奶油火箭竖立在蛋糕中央。当时师傅不知道火箭是什么模样，她俩就找了一本梁思礼写的《向太空的长征》给师傅看，后来师傅真的在蛋糕上做了一个火箭，不过由于奶油太软，火箭做得有点儿胖。梁思礼看到这个蛋糕时惊喜万分、感动至极。

那么90岁的生日蛋糕是什么样？梁思礼和在场的人都充满了期待。

2005年春节，梁家在家庭音乐会上演唱英文歌曲

2015 年 9 月 3 日，赵菁荣获抗战胜利 70 周年纪念章，梁思礼与赵菁合影留念

烛光下，一捧由玫瑰组成“90”图案的花束送到了老寿星梁思礼的手上，一个硕大的蛋糕被推了上来。蛋糕上有一群金属小人儿组成的“管弦乐队”，乐队的指挥是只米老鼠。梁思礼见此顿时开怀大笑，这个蛋糕的创意别出心裁——梁思礼属鼠并且酷爱音乐，晚辈们是希望八爷爷的晚年生活依然充满甜美和欢乐！

梁思礼手捧鲜花，兴致勃勃地来了一段九十大寿抒怀：

“今天，我们梁家的亲人在这里聚会，我非常高兴和兴奋。

“我从父亲梁启超那里继承的最宝贵的东西就是‘爱国’，所以我喜欢林则徐的一句话——‘苟利国家生死以，岂因祸福避趋之’，这是我一生的座右铭。

“我有一个好朋友林桦，当年我们都在美国留学，后来我回国了，他留在了美国。他是波音宇航公司的首席科学家，我曾是航天部的总工程师，他搞的是美国的洲际导弹，我搞的是中国的洲际导弹。他的年薪是 30 万美元（20 世纪 80 年代），我的工资只有他的百分之一。他住在西雅图一个小岛上的高级别墅，回国时受到国家领导人接见，我住在很普通的单元房子里。有人曾问我对此有何想法，我的回答是——他搞的导弹是瞄准中国的，我搞的导弹是保卫我们祖国的！从第一颗原子弹、第一枚导弹、第一颗人造地球卫星到第一艘神舟飞船，我回国后和第一代航天战士一起，白手起家、自力更生，创建起完整坚实的中国航天事业，使中国居世界航天强国之列。能为此奉献一生，我感到无比自豪和光荣。

梁思礼把林则徐的“苟利国家生死以，岂因祸福避趋之”作为自己的座右铭

“我想，一个人一生对社会、对国家，应该回馈大于索取，这样社会才能前进，国家才能强盛。无论是航天精神还是我们梁家爱国的家风，都要由我们交给下一代，要一代一代传下去。”

2016 年 3 月，梁思礼患了感冒，这严重影响了他的心肺功能。

在生命最后的时光里，躺在病床上的梁思礼仍然念念不忘他钟情的航天事业。高烧昏睡时，他说的胡话都是在为火箭开“评审会”，“查找故障”。由于年事已高，终医治无效，91岁的梁思礼于4月14日在北京逝世。

梁思礼的家中悬挂着一幅林则徐“苟利国家生死以，岂因祸福避趋之”的条幅，梁思礼生前每每与先人神交，总是油然而生“心有灵犀一点通”的愉悦。

因为他用一生的努力，做到了。

2017年7月15日，梁思礼骨灰安葬仪式在北京植物园梁氏墓地举行，“老白鼻”又回到了父亲的身边。梁思礼夫人赵菁率后代在梁思礼的墓前祭拜

音频科普索引